U0944179

爆品思维

一本书讲透打造爆品的逻辑与细节

李广顺◎著

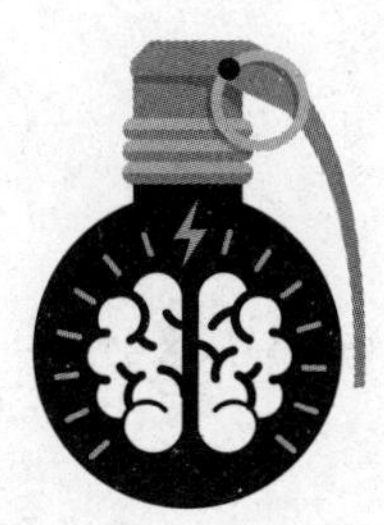

華文出版社
SINO-CULTURE PRESS

图书在版编目（CIP）数据

爆品思维 / 李广顺著. -- 北京：华文出版社，2018.1

ISBN 978-7-5075-4826-6

Ⅰ. ①爆… Ⅱ. ①李… Ⅲ. ①网络营销 Ⅳ. ①F713.365.2

中国版本图书馆CIP数据核字（2017）第314682号

爆品思维

著　　者：李广顺
出版策划：李金水　蔡荣建
责任编辑：胡慧华
出版发行：华文出版社
社　　址：北京市西城区广外大街305号8区2号楼
邮政编码：100055
网　　址：http://www.hwcbs.com.cn
电　　话：总 编 室 010-58336239　　发 行 部 010-58336267
责任编辑 010-58336197
经　　销：新华书店
印　　刷：北京柯蓝博泰印务有限公司
开　　本：710×960　1/16
印　　张：14
字　　数：158千字
版　　次：2018年4月第1版
印　　次：2018年4月第1次印刷
书　　号：ISBN 978-7-5075-4826-6
定　　价：39.80元

序　言

preface

爆品，简单到极致的魅力

随着电商平台的发展，很多新的营销术语开始出现，“爆品”就是其中最受企业热捧的术语。在当今激烈的市场竞争中，打造爆品已经成为各大企业提升产品核心竞争力的重大营销战略，用一句话概括就是“无爆品，不营销”！

一款现象级的爆品，对于企业抢占市场、获得用户的关注和青睐至关重要，而一款平庸的产品则会让企业在激烈的市场竞争中败北。服装品牌“韩都衣舍”通过打造韩版服饰为自家的爆品，一时间成为服饰电商的领导品牌；苹果公司通过一款“土豪金”手机成功地进一步占领了中国市场，使原本平稳的产品销量一下子有了大幅提升，知名度和美誉度也得到了相应的提高。

按照传统的营销方式，如果一款产品想在一夜间走红，必然需要付出巨大的努力，比如做大量的电视广告、发放宣传单；要想在激烈的市场竞争中占据一席之地，则需要付出更多。可是，在移动互联网时代，一个个奇迹接二连三地出现了。如今，在顷刻之间刷爆朋友圈、登上新闻头条、打造“爆品”已经成为这一时代的常态。

不可否认，“爆品”正在气势汹汹地向商界扑面而来。可是，很多商家却对其不屑一顾，有些人甚至根本没有把它当成一回事。他们一厢情愿地认为，只要在淘宝上开上几个店铺，努力展示店铺，就可以获得流量和销量。其实，店铺和用户是没有直接关系的，用户真正喜欢的是产品，让用户找到店铺中的爆品才是核心，是王道!

想做一款普通的产品，对企业来说是很简单的，但是如果想要通过制造卖点、提升质量将产品升级为爆品，就不是那么容易了。需要企业将产品制作、后期营销等一系列环节都做到极致才可以。

企业如想成功打造现象级爆品，就必须正确理解“爆品”的含义。不是卖得的多就是爆品，爆品需要有恒久的魅力，能够捕捉到持久的卖点，一时的畅销并不能证明产品是“爆品”。

在产品的销售过程中，商家如果能够在短时间内把产品清楚地展现给消费者，并且让他们对此产生兴趣，那么这件产品成为“爆品”的概率就大大增加了。打造“爆品”就是为消费者呈现一个相对具有优势的产品，其本质是还原产品的优势。

在明确了“爆品”概念、了解其本质后，企业将面临以下急需解决的问题：如何培养“爆品”思维？如何成功打造爆品呢？这需要企业具有怎样的战略考量呢？要想解决这些问题，我觉得，除了掌握选款的必备技巧外，还需要精准的市场定位，这样才不会走入爆品的误区；还要通过营销手段建立起粉丝对产品的信仰；要合理制定爆品的价格……

关于上面的这些问题，本书都将一一做出详细解答，希望这本书能够给各位读者以启迪。

目　录

contents

第三篇　爆品案例

第一篇
爆品思维

｜第一章｜不是卖得多就是爆品

大单品时代

西方有一句谚语：要想走得快，那就一个人走；而要想走得远，那就和别人一起走。在企业发展过程中，要想实现突破，扩大规模，就必须培育自己的大单品；而要想实现企业的持续化发展，就要打造自己的大单品规模。

因此，首先我们必须明确：大单品也是产品。只要是产品，就肯定符合产品生命周期理论，有其开始、成长、衰退的过程。不可能会有哪一个单品能像“永动机”一样持续成长、不断生产，所有产品最终都要实现“凤凰涅槃”，实现新升级，这样才能成为真正的大单品。就像娃哈哈旗下的“AD钙奶”一直辉煌了20多年，最终还是主动选择更新换代，推出了爽歪歪等系列产品。

随着口味、功能等越来越多，各种各样的创新产品肯定会威胁老品种的市场容量。新的产品出现，老的品种就被淘汰，市场重新被划分，新品种占领市场，这是再正常不过的市场现象。一些守旧、不注重研发的企业，首当其冲就会面临增长放缓甚至停滞、市场投入加大却出现亏损的局面。

所以，市场上统一牛肉面产品增速缓慢甚至下降是正常的，达利园蛋黄派、盼盼法式小面包的市场占有量下降也是必然。

那么出路在哪里？

要想实现大单品的成功，就必须实现品类创新，创造新的市场容量。统一“老坛酸菜牛肉面”开创了酸菜口味品类的成功，王老吉开创了凉茶品类的成功，养元“六个核桃”开创了益智健脑植物蛋白饮料的成功……新品类上市之初，企业需要利用新颖的创意来吸引敢于尝试新品的消费者，继而向更多的消费者推广。同时，我们也要记住一句“箴言”：能让消费者记住的才叫大单品。

其实，不管你是做单品还是做多品，都需要根据商品本身的特性以及消费者购买的行为特征来决定。一般来说，对于奢侈品或者耐用品，消费者多选择多品牌策略，而在购买一些生活必需品时，则会坚持大单品原则。理解了这点，我们也就能理解为什么追求多变的可口可乐以及红罐王老吉能够成功了。然而，在这种情况下，某些商家或者企业往往会陷入另一种极端思维模式上去，认为非此即彼，把一些产品的成功归结为是单品，这显然是不符合现实情况的。

就以淘宝女装为例，那些看似销量很多、实则淘汰最快的基本不会成为很火爆的单品。因为现在的女生都追求个性化，试想谁会喜欢穿那种撞衫率特别高的衣服呢？所以这类商品必须是多品的。

很多电竞产品刚开始都很火爆，继而无人问津，因为这种东西一般只能在短时间内受到大家喜欢，这正是大单品时代的特色。这个社会是一个追赶潮流的时代，单靠单品是很难成功的。特别是在电器、汽车、IT等行业，没有个性甚至是定制款的丰富产品体系，试图通过一支单品打天下，无疑是痴人说梦。

比如大众辉腾，它就是根据客户的需要适时调整自己的；而在墙面漆行业，领先品牌立邦漆还建立了消费者调色中心，让消费者自行选择和调制心仪的颜色；而戴尔电脑的直销模式则更是直接根据客户的需求快速推出新品，使得这种定制模式家喻户晓。

但是，我们还应该注意到一点，那就是一些生活必需品比较容易做成爆品单品，显而易见的产品特点和品牌形象，以及在老品基础上大胆地创新和改革都会成为爆品的理由。

在以前物质匮乏的时候，一些必需品采用多品战略会比较有吸引力，而当我们处于琳琅满目的大超市里时，我们的选择就变得很困难，这时候我们甚至渴望有一套标准能够立马判别商品的优劣——我们现在已经不愿意或者没有那么多时间去甄选商品。这个时候，你就能明白大单品的意义了：现在市场上商品繁多，很多消费者都有从众心理，于是大家买东西的时候就会选择经常买的那个或者最容易识别的。也许这并不是最佳选择，不过至少节约了时间，而且又能够降低决策的风险。

所以，我们也就能够理解为什么那些成为爆品的单品多是人们生活的必需品以及一些快速消费产品，而奉行“长尾理论”的则是那些耐用消费品或者奢侈品。

事实上，很多原本很成功，后来在发展中遭遇困境的企业，大多是因为大单品发展得不温不火、没有形成自己独特的产品文化而造成的。很多时候，一个单品可以让企业或者商家获得巨大的经济利益，但是这并不足以支撑一个企业长久的发展，这时候有远见的企业就会开始丰富自己的品种，用多种单品去代替原本单一的产品，从而慢慢形成多品产业链，就像娃哈哈陆续推出了爽歪歪、营养快线、纯净水等系列产品。

在大单品时代，成为明星单品相对更加容易，其收益也会更大，因此明星产品的层出不穷以及旧品种的批量下架就成了这个时代的典型特征。因为一旦某个新品突破成功，那就意味着立马会有很多对手争相模仿，稍不注意就会被淘汰。

现在的消费者就是这样喜新厌旧。这才是极具特色的大单品时代。

什么才是爆品的本质

在商品销售中，我们通常把那些供不应求，销售量很高的商品称之为“爆品”。在产品销售过程中，商家如果能够在短时间内把产品清楚地展现给消费者，并且让他们对此产生兴趣，那么这件产品成为爆品的概率就大大增加了。爆品就是为消费者呈现一个相对具有优势的产品，其本质是还原产品的优势。

想要把产品的优势还原出来，其实就是把产品的优势完美地展现给消费者。一般来说，同样的产品，在功能和效果上并没有什么本质上的区别。目标客户就在那里，如何使自己的产品在同类产品之中占据优势地位呢？我们先来看一个小例子。

前几年，有一个啤酒厂的销售人员很苦恼，虽然他自己很努力，可是因为自家产品在市场上同质化很严重，销量一直不是特别理想。怎么办呢？这个小伙子有种不服输的精神，想找到自家产品与别的酒品之间的区别或者优势。他到生产车间去参观，经过一番考察之后，他惊喜地发现每一批酒都会采取蒸馏杀菌的方法进行消毒。这其实没什么大惊小怪的，因为其他酒厂也都是采用同样的办法来进行消毒的。但奇怪的是，从来没有任何一家酒厂强调过这一点。

他觉得可以利用这点做做文章，于是他将这个想法告诉了企业领导。领导很重视，立即让营销人员改变营销策略，重点突出啤酒的洁净度，包括啤酒罐都是经过蒸馏杀菌的等细节。广告推出之后，这家酒厂的独特卖点使得他家的啤酒很快成为人们最喜爱的啤酒。

通过这个例子，我们可以看出来，其实产品基本上都是千篇一律的，重要的是如何将产品的优势向消费者呈现出来。

在仔细寻找到优势特点之后，我们的策略也需要发生相应的变化，使产品有更加准确的定位。然后从产品的包装出发，在包装上凸显出产品的优势。

平时聚会的时候，不知道大家有没有留意过这种现象：每次打开饮料或水之后，很快就开始分不清楚哪瓶是谁的了。虽然浪费，但是最后只能全部扔掉。为此很多饮品企业都想解决这个问题，像娃哈哈就在新开发的饮料瓶上面标注了星座标识，但有时还是会搞错。后来一家纯净水公司在瓶身上面设计了涂刮层，有效地解决了这个问题。每个人都可以根据自己的爱好做记号，这样即使喝了一半，也可以随意摆放，因为我们可以很清楚地分辨出哪一瓶是自己的。

这就是把产品的优势发挥了出来，并且得到了消费者的认可。这样的产品成为爆品的概率就很大，这就是爆品的本质问题。

当然，我们还要尽可能多地给消费者提供便利，同时提供一些周边服务，这样才能让消费者在消费的时候没有任何风险和顾虑。我们都知道外国人的消费习惯与国内大不一样。在国外，一些产品是可以提供试用周期的。因为这种服务，使得很多消费者愿意来消费，这无疑也会给企业打造爆品加一个高分。

现在网上经常会有很多招聘兼职的信息，然而即使是高薪，还是有很多人不愿意做，前一段时间，一家企业就遇到了这样的问题。于是他们采取一招：给前来兼职的人们报销车费，结果问题很快就解决了。其实，有时候多为顾客考虑一下，就能让他们爽快地接受你的推荐和服务，让更多的人愿意购买你的产品。

正因为有这样的服务卖点，吸引了很多的消费者，这完全是从消费者的角度出发。企业打造爆品也是一样的道理，当消费者有意向购买你的产品的时候，企业需要给消费者一个让他无法拒绝的理由来体验你的产品，这样才能吸引到更多人的关注。

很多企业觉得产品服务其实就是那样，消费者只看重质量。其实不然，现在很多消费者都会产生一种“我买的不是产品，是服务”的消费心理。所以企业要跟上消费者的内心需求，把产品的服务工作做好，这其实也是打造爆品的本质。

因此，企业在打造爆品的时候，不单单要展现出产品的优势所在，还要做好产品的服务。不管是爆品的打造，还是单纯增加产品销售，都要做好服务。

一件爆品能给我们带来什么

在讲述这个问题之前，我们不妨先来看看淘宝的一些做法。

现在电商行业非常火爆，淘宝上很多商品都趋于饱和状态，但那么多家店铺不可能每一家都有成功的单品。那么，一些商家就会有这样的疑惑：明明我们家也有类似单品，为什么就不火爆？我们家的产品品质好，信誉口碑也都说得过去，为什么生意就是不如别家的？

很多人都应该清楚淘宝的规则：因为买家一般是看不到实物的，所以淘宝总是尽量把最优质的商品展现给消费者。然而事实上，除了卖家，很少有人能知道该产品的好坏，淘宝只能通过大数据分析来判断，至于结果他们也无从得知。比如，你搜索有关“连衣裙”的关键字，淘宝就会将完成交易比例比较高、销量较好的连衣裙呈现在前面几页。因为我们理所当然地会觉得成交量多的产品一般也是质量比较好的产品，如果没有排名，或者进入不了前面几页的话，你的裙子再漂亮，质量再好，评价再高也没用，因为顾客根本找不到。

有一个非常形象的比喻：传统店铺中，顾客是从门里进来的，而在淘宝中，顾客是从窗户里进来的。顾客不需要“进来”，只需要站在“窗户外面”看，就能做出大体的判断。热卖的产品被推荐到靠前的网页，被更多的消费者看到，自然而然就能给整个店铺带来巨大的流量，同时也就能为我们带来巨大的经济效益。

综上所述，打造爆品的目的就是为了创造价值，带来收益。

爆品有一个最重要的显性表现，就是销售量高。企业在成功打造爆品的同时，也正是为自己量身打造品牌效应的时候。我们知道很多消费者都有跟风消费的习惯，一款产品销售得多了，我们就会认为它有独特之处，其他消费者也会进行消费。在这一过程中，企业良好的口碑就相对容易地积累下来了，这对于企业后期的发展有一个非常大的优势。

一般来说，产生“爆品”的一个主要原因是消费者的从众心理，因此要想打造一款畅销产品，就要更多地依赖推广和宣传营销。一个最为典型的例子就是，现在越来越多的产品选择当红明星作为宣传者和代言人，粉丝因为喜欢自己的偶像，进而会模仿他们，这样就会带动与明星相关的物品销售量大增。在打造爆品的活动中，明星扮演着“催化剂”的角色，将产品更多地呈现在消费者面前，刺激消费者的消费欲望，生成订单。

同时，随着经济水平的日益提高，人们的消费理念已经发生了很大的变化，审美观点也各不相同。在这种情况下，要想打造爆品，那就需要抓住能够吸引多数人的流行元素，多数人都喜欢的东西，跟风起来就会变成流行。一个人穿也许没什么，但是穿的人多了，就会成为爆品。

如果我们留意，就会发现这种情况：有一些商品，并没有经过太大规模的推广和宣传，但是却意外地取得了很好的销售成果，究其原因，其

实还是大众的从众心理。也许是该产品的某一特质吸引了部分消费者，通过这部分消费者带动，越来越多的人选择购买，因为大多数人都会觉得很多人用的东西不会差到哪里去，与其“冒险”选择别的产品，不如“随大流”选择别人已经做过选择的。还有就是，不管现在的市场多透明，买家掌握的信息肯定没有卖家知道的多，不可能任由卖家说得天花乱坠，他们为了保险起见，也会选择买成交量大的那款产品。这样就形成了一个循环：消费者购买——成交量增加——销售情况良好——消费者信任并选择购买。这也就解释了为什么在一些购物平台上评价多的商品更容易得到消费者的青睐。

打造爆品是一个循环推广销售的过程。在这一过程中，前期准备工作至关重要，而爆品的挑选和推广则是决定爆品成败的关键因素。挑选或者生产一个品质优良的商品作为爆品，是这个过程的开端。挑选爆品的时候，如何把握商品的属性和特质很重要，这是打造爆品的基础，好的商品可以成功拉动商品的销售，形成良好的产品链，而不好的商品则会无人问津，令你的投资打水漂。

因此，完善产品信息，找寻产品独有的特质以及文化是我们必须要去做的事情，这对于消费者来说是一个巨大的吸引。同时，我们还要注意一点：不要做一些没有性价比或者性价比比较差的产品，这对于想要打造爆品的我们来说没有任何作用。

在爆品销售的同时，还可以拉动企业其他产品的销售。当看到自己的某款产品成了爆品的时候，很多企业就会趁机研发相关产品，比如，手机的充电器和耳机，大部分消费者都会不自觉地选用同一个牌子。一款爆品能够带来一系列优势，在一款爆品的基础上，企业只要足够大胆，完全可以持续引爆产品，这样就能给企业带来无尽的发展优势。

然而，有些企业在持续引爆产品的同时，往往没有办法继续做出同样高质量的产品，不能给消费者提供完美的客户体验。

企业打造爆品，归根结底还是为了利益。从效果来说，一款成功的爆品给企业带来的利益主要为两种：直接利益和间接利益。

直接利益就是指给企业带来大批量的消费群体，直接带动关联销售等。其次，就是能给企业带来间接利益，在打造爆品成功之后，企业的整体排名在行业内会上升，爆品甚至会成为企业的代名词，提高企业的影响力和知名度，无形之中增加企业的利益。

| 第二章 | 爆品思维等于为顾客定制服务

用爆品思维去打造产品

“爆品”一词最早来自电商，是指销量特别大的某一个单品或一类商品。很多人一听到“爆品思维”这个词就会想到是让人尖叫不断的产品，因为人们觉得只有好质量的东西才会让人主动埋单。爆品思维，就是通过打造某一个明星产品，让我们在销售的时候运用产品优势，使得用户能优先考虑我们销售的产品的思维方式。因此，可以说凡是能够让用户购买产品时优先考虑到我们产品的一些特点，都是爆品思维里的一部分。

但是，在平时的生产销售中，能够独具特质的产品毕竟少之又少，市场上大部分产品都存在同质化严重的问题。很多时候，要想打造爆品，就要学会趋利避害，当我们打造出更好的东西，然后呈现在消费者面前的时候，他们就会感知我们的用心。在这个过程中，消费者就会对你的产品产生信任感，只要该产品是他们需要的，一般都会购买。

就像小米手机，在成功地突破传统手机的格局之后，那么做手环、路由器、电视等也就事半功倍了。同理，如果实体店已经形成了一定的渠道和销售优势，那么也将为产品网络销售的发展提供巨大的优势潜能，这就是所谓的“单品拉动内需”。

爆品运营能力决定了搜索量，进而就会开启消费吸金模式，卖家会根据流动量的不同，建立不同的产品流动性能。

爆品正好就是属于品类结构里面流动性最好的品类，爆品本身就自带传播性能，结合网上的流动传播，会引发很大的话题宣传，这又会带来很多自然宣传以及长久一点的宣传。接下来，我们举一个小小的例子：

某天，我们团队接到一个任务，有一笔资产要在3天内全部卖光，时间紧、任务重，怎么办？

一般的团队面临这种情况可能会比较慌乱，但是我们团队的小伙伴早就习以为常，成竹在胸。他们一般会这样做，首先，跟资产团队的同学开个会，商量一下这个资产的特性是什么，有什么样的卖点，利率是多少，期限长短如何，是否可转让，跟目前站内其他产品对比的优势在哪里？

其次，确定资产定价和促销。短时间内要卖出一笔大额资产，在定价上肯定要做到相对优势，查看一下过往的历史数据，商量大概定价在什么区间，预估销售速度如何，考虑是否要做补贴。

确定好这些之后开始分头行动。资产团队负责定价，上单；运营团队的小伙伴负责活动页面，素材制作，编写推广文案，安排渠道推广。最后上线推广，随时看数据，适时地做素材调整和位置优化。

每一个企业都应该把自己的产品看待成爆品。首先企业要承认自己的产品很优秀。这样在宣传的时候才能发挥出产品的最大优势。企业在推

出产品的时候，就要给消费者一个尖叫惊喜的表情，消费者这个时候就会有一种冲动消费的心理，产品的销售量也就随之增加。企业的思维模式不同，产品的营销策略自然不一样。

而企业在使用爆品思维去打造产品的过程中，首先这一点就是优于同类竞争者的，这样的思维模式可以在同类产品中突出自己的优势。消费者在选择产品的时候选择自己的可能性就比较大，也就是说使用爆品思维的企业在推出产品的时候，促使消费者购买自己企业产品的概率就比较大，这就是爆品思维的优势所在。

当然了，企业在使用爆品思维的时候，要根据自己的产品选择适合的思维模式。有的产品需要使用理性的推广模式。有的产品则需要感性的推广模式。

什么才是理性的产品模式？企业如果对产品的价格没有太大的主动权，在销售的时候，就应该专注产品的服务。给消费者专业的解决方法或者专家的指导，或是给消费者提供一些贴心的服务，有些企业还会制造一些优惠活动或者惊喜，那样能给消费者带去最直观的企业感受。

而感性的商品推广模式，就是企业根据消费者的心理以及产品独特的优势，来给企业做一个改变，这样就会引起消费者的共鸣，可以很直观地给消费者呈现出产品的优势。如果产品占有一定的社会优势，企业就可以打造出产品的竞争优势了，对于产品的组合要更好地规划一下。

爆品思维不是看别人家出了一个爆品存在，自己就跟风大量复制，而是要根据市场和消费者的需求来生产制造。了解产品的需求，继而让自己的产品呈现在一个具有优势的平台之上，这样才是爆品思维的最终体现。

爆品应具有独特的个性，不能一味地模仿其他产品。企业在打造爆品的时候，对自己产品的定位其实就决定了产品是否会成功。所以，企业首先就要有一个正确的产品定位，在打造爆品的时候，就要使用爆品思维去定位，首先就是把自己的产品定义为爆品，继而再对产品进行应有的调整，这样在产品上市的时候，才会给消费者一个不一样的产品体验，这就是运用爆品思维的优势所在。

这就是爆品思维的简单呈现，也告诉了我们为什么要运用爆品思维，我们需要这样的爆品思维开启新的思考模式。

让雷军告诉你，什么才叫爆品思维

雷军认为人才是一个企业最核心的竞争力量，发掘出人才的价值，集中自己的优势资源，专注地去做好一件事，去打造一个产品。

很多人表示与雷军进行交流之后，发现他是一个特别专注的人，一旦认定了一件事，就会不遗余力地去做。普通人的专注程度能达到30%，而雷军却能做到80%。

在创业的过程中为什么要专注，大家应该非常清楚。刚开始创业的人，拥有的资源都有限，跟随的人也特别少，要想取得成功，就必须集中所有的资源优势，放在一件事情上或者一个产品上，这样才能提高成功的概率。

谈到产品的专注度，大家能看到小米有三个比较火爆的产品，就是小米手机、小米电视、小米路由器。一旦消费者认可了某一个品牌，就可以带动很多衍生品的销量，就像小米旗下还有红米、华米、小米手环等一系列的产品链。

在互联网时代，很多产品都不可能是单一的产品，必然会有很多的配套产品。你做了手机，就会有APP。你做了互联网，就需要浏览器。一条产品线的开展，就意味着一条新渠道的拓展。

经常听到公关公司说，自己公司的方案是全方位方案。但是现在的全方位方案很多都是平庸的方案。好的市场方案，能切入其中一个点，能在一个点上发挥作用就很好了。如果不分主次，把资源砸在很多不同的方面，最后的结果只可能是什么都出不来，这就是专注的作用。

要想把一个产品打造成爆品，首先要做的是专注打磨产品，成功地迈出第一步，其次就是把产品质量做到极致，这样产品自身的关注率才会提升。

极致产品的背后都有极大的投入，都是千锤百炼出来的，“牛X的背后都是苦X的。”

小米手机推出红米一代H2的成功是有原因的，当时红米首发，在QQ空间就有超过700万人预订购买，很多人疑惑红米一代为什么不叫H1而偏偏叫了H2。这就引起了大家的思考，原来研究出来红米的一代硬件流动性达不到要求，所以就取消了，直到研发的红米二代达到了质量要求，才正式上市发行。小米为了极致的产品放弃了红米一代，损失了近4000万。

我在小米3发布的时候，跟随潮流也购买了一台，拆开小米手机包装盒的第一眼就感觉很惊艳，很简约，品质看着也不错，我很自然地就把包装盒留下来当作饰品收纳盒，出于好奇，我还在网络上搜索了小米3包装盒的设计改进过程。

工艺上的一步步改进，让消费者在体验感受上提升了一大步，为了保证纸盒边角真正的直角，小米选用了高档的纯木浆牛皮纸，当然那些材质的选择还只是开始，包装工程师还对纸张进行了进一步的加工，就是为了保证包装盒的绝对棱角。

又比如，为了避免手机在包装盒里面晃动，同时还不影响手机在里面可以轻松地取出来，小米手机在手机托盒底部也进行了独特的梯形设计。

当然了，小米手机为了把手机做到极致，背后还做了很多不为人知的努力，就是为了给消费者呈现一个极致的小米手机。

产品有了自身的优势，接下来就需要一个好的口碑，才能让产品在更大程度上流动，也才能让产品在更大程度上发挥自身的优势。

产品有了自身优势、产品优势，然后就希望自己的产品自带宣传，让自己的产品会说话。首先，你要对自己的产品做好定位，另外一个增强产品传播力的办法就是打造一个有故事的产品。

很多人都知道，在国外星巴克买咖啡的时候，店员总会在杯子上写上你的名字，但是星巴克为了给顾客留下更深刻的印象，在不影响产品质量和服务的情况下，做了一件“反规则”的事情——写错你的名字。这种做法收到了很多“意料之外，情理之中”的惊喜，一些人看到自己的名字Jessica被拼成奇怪的Gessika的时候，第一反应就是把这种情况拍下来，发到朋友圈，顺便吐槽一下这种情况，这就在无形之中达到了传播的目的。接下来就是依靠强大的朋友圈以及人们的好奇心，很快地传播开去，这是很好的传播途径。

所有的准备工作就绪了，接下来就是如何做到快人一步，让自己的产品提前抢占市场。

营销和产品是一内一外，再好的产品，没有营销就很难打开销路，渠道和供应链是分不开的。再好的供应链，如果没有渠道，就没有出路，所以企业要想快速地进入市场，离不开好的渠道。

比如大家熟知的蒙牛牛奶，当时几乎在一夜之间红遍了大江南北，速度之快让人为之惊叹，如此快速的切入肯定是创始团队对现有渠道轻车熟路的运用。还有加多宝，在将“王老吉”的名称归还之后，也很快速地崛起了，很快新品牌的凉茶就抢占了天下，主要的原因还是拥有很强大的推广渠道。

想要快人一步，就必须拥有好的推广渠道。好的渠道可以让你的产品快速地进入市场，保证产品的销量领先。

利用互联网的优势，把自己的产品做到极致，保证产品良好的口碑，以上就是雷军的爆品思维。

|第三章|做爆品，并不是无规可循

抓住“杀手级应用”

如果你想将自己的产品打造成为爆品，那么你需要一个平台来促使它发育成熟，就好像催化剂一般。换句话来说，需要一个平台来让你的产品更好地发酵。

所谓的“杀手级应用”，就是大家都知道这个平台，并且愿意在这个平台上进行消费。所以现在很多企业都会将产品放在各种各样的平台上，增加其流动性，提高搜索率。

科技变化是指数的，社会变化是渐进的，当落差（Gap）越来越大时，便有革命性的应用，拉近彼此距离——此即所谓的“杀手级应用”。杀手级应用，指的是一个很不错的创意，它可以取代你当下的想法，继而推陈出新，最后实现新的价值。

由于现代社会飞速发展，很多事情成了我们生活中不可或缺的一部分：各种电器、智能楼宇、物联网、GPS导航、网购。杀手级应用不是一套应用系统或程序，而是指足以改变历史、整个产业规则或垄断整个业界的新产品、新观念或新服务，譬如E-mail、qq、飞信、搜索引擎（谷歌、百度、搜狗）、博客、Facebook、杀毒软件、移动商务、单反相机、平板电脑、智能手机、3G网络等。

你一旦缺少了这些东西，就会觉得生活没有安全感，这些都是文明社会的产物。但是随着科技的迅猛发展，发明者只能不断发明、更新。的确，当现有需求被满足后，新的更高的需求便会接踵而来……如何抢先一步透析消费者的心态，洞察消费市场的动向，则是每个业者心中的期盼。就像“梅特卡夫定律”指出，产品或者商品能否在上市之前就占有一席之地，甚至产品的前期能否垄断整个市场，前提在于是否突破一个临界和预期值。

也就是说以使用者人数的平方来代表使用价值，使用价值只要到达一定的临界值，这项产品对于使用者的意义与价值就会呈几何级数成长。因此一项产品或服务的成功，关键就在于能否找出这个领域的“杀手级应用”，没有人能够知道什么样子的产品明天会突然成为炙手可热的商品。

现在很多产品都会在各种平台上架，收获也比较可观。我们就拿最近借杀手级的应用平台成功上位的联想乐檬K3手机为例，上市仅仅一周，预约就达到了175万，绝对是近年来传统手机行业里绝无仅有的，这无疑成为了一个爆品，它成功的背后离不开对很多平台的应用。

当然这也不能排除联想自身的品牌效应，上市之前除了各种大咖的使用转载、强势的网络推广，紧接着还有联想的合作伙伴不遗余力地在朋友圈的强烈推荐。这样就把乐檬的手机带动到了线上，带到了大家平时都使用的平台上，这样关注的人就会比较多，其次在朋友圈以及各大消费平台的推动之下，消费者们就会接受并认可这个产品，继而就会有消费的欲望。

联想乐檬K3手机的成功并非偶然，有时候一件商品的成功不是层层递进之后的完美衔接就可以了。一件商品前期的所有准备工作都做好了，接下来就需要一个平台让其发挥得更好，选一个可以推广的杀手级应用是很有必要的。

现在网购平台繁多，一旦得到了消费者的认可，就会带来消费行为。要想取得好的收益，找一个好一点的平台进行推广是很重要的。

在消费者的常识里，“杀手级应用”都是非常火爆的，而且，一般都是火爆之后反推出来的，而不是开发时预设的。在我的印象里，“杀手级应用”都是创新的、独树一帜的产品，没有一款是抄出来的。

这就需要一些极致的产品才能做到后期的杀手级应用的成功。

近年来，传统企业向互联网企业学习的浪潮愈演愈烈，很多营销活动都请了名人来制造噱头。名人效应在营销上也非常好用，万科请马佳佳做客演讲，柳传志献声“罗辑思维”问及互联网，紧接其后就是地产大佬潘石屹第四次走访互联网。

企业在全民互联网的时代，就开始关注各大平台的浏览量，努力提高产品的曝光率。好的平台会带动产品的销售，快速地选择一个好的平台非常重要。

企业打造爆品的时候，有一个杀手级的应用，才能在同类产品中享有优势。很多企业都没有找到一个可以超越同类产品的杀手锏，这就是很多传统企业被淘汰的原因。不愿意对产品进行创新，这样就会使得产品一直被新产品压迫，造成企业的败局。

企业选择一个杀手级的应用，能在很大程度上给企业带来优势。但是企业在选择杀手级应用的时候，也要根据自己企业的特色，打造出优质的产品，然后努力把产品的优势完全呈现出来，这样才能在同类产品中占有绝对的优势。

互联网的流量本质

互联网时代，流量的本质其实就是用户的关注度。

互联网公司的估值模式，很重要的一个指标就是流量，包括注册用户数量、活跃用户数、用户访问频率等，一个注册用户达1000万的互联网产品，基本上不需要任何的盈利，就可以估值数亿美元，这在互联网领域中是常有的事情。在用户数量、活跃度这些指标的背后，其实是对用户注意力的一种占有。

现代社会是一个信息过剩的时代，也是一个注意力分散的时代，我们如何在繁多的有用信息中提取出自己需要的，这就是注意力经济时代的核心革命价值。就像现在很多娱乐明星们会突然爆出一个大料，无非就是为了吸引大家的眼球而已，有了流量才会有人气，有了人气才会有关注。

对于互联网而言，在竞争激烈的市场上，高度的关注就会有高知名度，用户在消费的时候选择你的概率就会比较大。在信息过剩的时代，企业必须具备流量的经营能力。

流量就意味着体量，其次意味着分量。

传统零售行业的选址，核心指标就是“人流量”，其本质就是抢占人流量大的地方。互联网经济和物质经济一样，也是一门流量生意。传统的商业街，人流量大的地方，房租自然水涨船高，同样的思维逻辑也适用互联网，例如淘宝，店铺的排序直接影响消费者的流量，消费者的流量决定销售额的高低，所以，简单来说，淘宝就是互联网上的商业街。

淘宝店铺的核心盈利模式和传统商店的盈利模式基本上是一样的，只是把商业街的门店销售模式搬到了网络上，在发挥互联网为工具属性的同时进行消费，流量大了就会产生销量。

所有的商业模式，不管是线上网店还是线下实体店，流量是可以改变消费模式的基础，一旦缺乏最基础的流量，销售就无从谈起。

我们能够意识到流量的重要性，就说明我们已经有了流量思维。在这个商业时代，我们首先要知道去获取流量，然后再让流量产生商业价值。只有先把流量做起来，才会有机会思考后面的问题，否则可能根本没法生存。

互联网时代，企业最应重视的就是流量。因为流量的多少直接和销售额挂钩。流量和销量以及爆品是成正比的。

流量有一些特点，是每一个企业都要明白的。

首先，就是互联网时代流量的精准化。这个时代的产品各式各样，同类产品之间存在竞争，相似产品之间也存在竞争，现代企业想要打造爆品，是很不容易的。但是互联网时代的流量具备了精准化的特点，就是对于自己企业的产品，哪个渠道存在的消费者需求越多，企业产品的投放率就越高，这就是为什么很多传统企业都开始转型进入互联网时代的原因。

每一个企业都在研究消费者感兴趣的方向，以便获得最大化的利益。第一步就是要锁定消费者，这样才能找准方向，提高产品的销量，打造爆品的成功率也就越高。

其次，流量具有垄断化。互联网的发展史，其实就是流量的演变史。没有流量的存在，就没有现在各大网站的分发市场。各大企业网站的成功，都与流量紧密相关。

当然，吸引流量的渠道同样是重要的。在哪里投放广告可以产生大量的浏览者，这是企业营销部门关注的重要指标。可以在社交媒体上不断地制造内容，吸引消费者，让流量带来销量。

流量概念的产生，就是企业营销的产物。企业选择了怎样的营销途径，就决定了这个产品的销量，而产品的销量直接决定这个产品会不会成为爆品。企业在选择产品的营销模式的时候，必须把产品的品牌营销做好。

拓宽营销推广的渠道，产品的优势就会凸显出来。企业可以与各大社交网站联合，做好营销互动，吸引更多的消费者。

互联网时代的流量就意味着金钱，所以企业才会不顾一切地给产品刷存在感，在各大媒体上做宣传，制造一些关于产品的话题，给企业产生流量，带去消费者。

传统企业“信任状”PK互联网时代“价值锚”

简单点说，传统企业的信任状是以公司为中心的打法，成本很高，中小企业是玩不起的。互联网创业公司，都要一步一个脚印地走。有了初步的进展之后，才会有接下来的成功。

对于很多网络上的商品，消费者会有不少的疑问。因为很多产品都是虚拟的，很难建立起一个相对信任的模式，所以就会出现很强悍的做法，就是打造价值锚。传统行业一般都是先有顾客的信任，然后借助品牌效应，打造第一品牌、驰名商标。

有了这些硬件标准，就等于和消费者建立了一个相对信任的模式，这就是传统行业信任状的建立模式。

什么是信任状？我们说传统企业做产品最重要的一个秘诀就是对顾客立下信任状，赢取顾客的信任。信任状其实就是一个概念，类似投名状。

我们做淘宝也是一样的，买家要怎么样信任我们呢？包括最近很火的微商，怎么样让大家信任我们的产品呢？信任状就是传统企业最常用的一招，也是传统企业做产品最重要的秘密武器。当然，在电商时代信任状遇到了严重的挑战。

什么叫价值锚？我觉得现在的人应该多少懂一些，就是现在很多人说的沉锚效应。所谓沉锚效应，就是人在对某个产品、某个事做判断的时候，容易受到第一印象或者是第一信息的支配。这个第一印象、第一信息就像沉到海底的锚一样把人的思想固定在一个地方，这个锚点对于淘宝买家到淘宝上购物是非常重要的。

消费者经常问这个东西值不值？性价比高不高？怎么才能够让别人尽快知道我呢？这就需要价值锚。简单说就是人们经常会有的先入为主的思想。比如说小米，大家知道小米手机刚刚出来的时候，什么都没有，你想，刚刚出来的手机人家为什么要买，为什么相信你的产品啊？所以小米手机就努力打造产品价值，当把这个价值打造到极致，小米手机就成了当时的爆品。

互联网时代的价值锚就是指为消费者从用户角度出发打造的基于用户价值链的一个锚。价值锚就是你的价值链中最能让用户感受的那个价值点，简单说，就像我们看到一件商品，首先考虑这个东西值不值得，和其他可替代品相比怎么样，然后再思考这个产品我怎么知道它的性价比如何。

传统公司与互联网公司最大的区别就是传统公司是以公司为中心，把公司产品价值做到最大化，本质就是技术、产品第一。而互联网公司是把用户价值做到最大，就是所谓的爆品，这样会造就最强大的价值锚。互联网上没有强大的价值锚，产品就会被别的产品刷下去。

当然，互联网公司应该记住的最重要一点是，价值锚就是基本的消费者对于产品价值的强烈认知，而不是以公司为中心的认知感。当下社会飞速发展，网络店铺发展愈演愈烈，相比而言，传统店铺的发展情况就不是那么好，毕竟现在社会是一个信息发展快速的时代，很多人都依赖网络消费，而且传统店铺的前期付出太大，而网络前期投入相对较小。

随着时代的发展，很多产品都要随着时代的前进而创新，不然会被这个社会淘汰，而互联网则越来越取代传统企业的信任感。消费者已经见多了传统产品，而互联网正好在消费者的审美疲劳期，给消费者展现了一个全新的消费模式。

而互联网时代的成功，也使得很多传统企业向互联网进军，这个时候的互联网也出现了拥挤的现象，所以产品价值的产生，还是需要企业自身不断地创新，给消费者不断呈现出新的产品。这个时代的消费者并不在意与企业的信任感，在乎的是企业的产品到底是不是消费者需要的。

消费者需要这个产品，就会进行消费，在互联网时代就是这样简单的消费模式。因为消费者的经济水平在提高，所以不在乎与企业之间的信任感，在乎的就是产品的价值。

而传统企业的信任感是一个慢慢形成的过程，已经不符合这个快速发展的时代了。消费者不会因为信任感而延迟消费的时间，只会根据产品的价值来进行消费，这就是两者之间的本质区别。

打造价值锚要分三步走

为什么要打造价值锚，在上一篇中，我们知道了价值锚对于当下的互联网商业非常重要。传统企业靠信任感，互联网商业靠价值锚。

在当下最大的互联网企业淘宝上，商品的流动性非常大，所以说很难有强大的明星单品，这样很多产品就会和同质化的产品一样石沉大海。所以，作为淘宝的运营来说，打造产品的价值锚就是打造爆品。

价值锚的三大核心就是：痛点、尖叫、营销。

简单点说，用户的痛点就是不管你现在做的是什么产品，一定要找准定位，就是找准顾客内心里最需要的那个点，这样才能让顾客看到你的东西，才会从心里想要消费你的产品。

企业不管做什么产品，首先要给产品一个市场定位，这个定位就是产品应该怎么走下去，这个市场对于产品的需求是什么样子，每个企业在推出产品的时候都应该提前想好。

产品的痛点就是如何给产品一个准确的市场定位，企业在制造产品时就应该考虑好产品的优势和不足之处。当然，消费者的痛点就不一样了，这个是不容易判断的，消费者的痛点就是消费者在这个市场上需要一个什么样子的产品。如果企业把握住消费者的痛点，产品的定位就实现了，对于产品接下来的销售会有很大的优势。

很多企业在打造爆品的时候，对于产品的定位不准确，导致产品在市场上很快就被其他产品替代，后期的市场和消费者也不会有太大的改变。

产品和消费者的痛点确定下来之后，接下来就是产品的优势发挥，不管怎么说，产品的质量还是要靠企业自己打造的。消费者的痛点找到了，这个时候消费者就等待着产品的问世。前期的产品定位好，已经给消费者一个初步的产品展示了，这时候上市的产品一定要使消费者有眼前一亮的感觉，给消费者意想不到的惊喜。

而产品的痛点和尖叫是相关联的。有了好的市场定位之后，接下来就要给消费者一个完美的产品体现，这样在市场上同类产品中会占有相当高的优势，无意之中就能给产品带来流量。

如何将产品的优势发挥到最大化，说白了就是塑造产品的价值，这个价值最好是能深入人心的，这样才能达到让客户尖叫的目的。

当然，最重要的还是最后一步，选择一个好的营销手段。就是如何让消费者都知道你的产品，只有让消费群众知道了你的产品，加上前期对顾客心理的需求研究，中期产品的自身优势，后期的营销宣传，这样需要购买的消费者就会主动找到你。

除了必需品之外，消费者大多数时候都是因为气氛渲染而购买一些爆品。企业的产品营销渠道好，产品的优势也很明显，会使得消费者产生购买欲望，所以说，价值锚走好这三步，就可以稳步把自己的产品呈现在消费者面前。

企业打造产品价值锚，是符合现在的市场规则的。

互联网时代的产品营销模式和传统企业的营销模式是不一样的，时代不一样，消费者的观念也是不一样的。这个时代的消费者主要看重速度和方便，所以企业的营销方式一定要符合消费者对于产品的需求，抛去传统的销售模式，增加具有产品价值的模式。

企业体现产品价值锚的时候，首先一定要给消费者一个完美的呈现，这样对于有需要的消费者，购买的欲望是极其强烈的，爆品的成功就是这样一步一步打造出来的。

新型产品的不断创新，传统企业的转型也使得产品的竞争日益激烈，所以，企业打造一个具有特色的价值锚，很大程度上就让企业的产品赢在了起跑线上。

|第四章|做产品，要找痛点、挠痒点

什么才是产品的“痛点”

顾名思义，“痛点”就是用户在正常的生活中使用产品所碰到的问题、纠结和抱怨，如果这个事情不解决，接下来不管什么时候使用这个产品都会觉得浑身不自在，会很烦恼。因此，用户在需要产品的时候一定会解决掉这个令人烦恼的问题，抚平这个抱怨。

痛点，是消费者在体验产品或服务的过程中，原本的期望没有得到满足而造成的心理落差或不满，这种不满最终在消费者心中形成负面情绪，让消费者感觉到痛。这就是痛点营销，它是消费者心理对产品或服务的期望和现实的产品或服务对比产生的落差而体现出来的一种“痛”。

举一个很简单的例子：上火是很多人容易遇到的问题，恰巧一个容易上火的人偏偏还是一个嗜好火锅的美食家，他很可能会因为上火不能再去吃火锅之类的麻辣食品，这不光会影响他的食欲，也会影响他正常的生活。就此，王老吉发现了这个普遍存在的问题，然后名正言顺地告诉消费者“我能帮你解决这个问题”，一句“怕上火喝王老吉”获得了相当大的成功，让王老吉一直霸占凉茶市场很多年!

再举一些抓错了点的例子。如：胃疼、胃酸、胃胀，胃不舒服真的会令人生不如死，这是一个亟待解决的问题。如果胃有问题，你还能开心地吃吃喝喝吗？你还能正常地生活吗？你还能正常地工作吗？你会面临身体上的煎熬！因此，你迫切需要解决这个问题，然后你脑海里就会出现一句广告词：“胃疼，胃酸，胃胀，就用斯达舒！”

但是很遗憾的是，后来斯达舒不知道出于什么原因把广告词改成了“良心的药、放心的药”，就慢慢地淡出了消费者的视线，因为这句话没有直接指出消费者最为关心的问题，没有击中消费者的痛点。

很多成功的产品会很直观地体现出产品的价值，就好像你生病，不舒服了，我的产品便能够对症下药，这样的消费很直观，也很有效。很多人不明白蒙牛、伊利的奶制品为什么能够一直热销，其实就是人们觉得奶牛就应该生活在呼伦贝尔大草原上，这样的一个广告就找到了观众的痛点，与消费者最直观的想法不谋而合。

要寻找出痛点，对消费者的了解是非常重要的，只有满足了消费者真正的需求，那你的产品或服务才是成功的，否则就会失败。寻找痛点是一个长期观察的过程，不可能一蹴而就，这些都是细节问题，都是消费者最关注的细节，做好这些，结果就可想而知了。

现在很多火爆的新兴行业就是为了解决消费者的痛点，很多白领在上下班的时候叫不到出租车，滴滴打车就出现了，完美地解决了这个问题。

现在很多的大学生，生活轻松，上课时间也不像高中时候那样固定，

很多大学生会不记得自己的课程表，这个时候超级课程表的出现就很好地解决了这个问题。像这样解决了生活中大部分问题的企业，就是在解决消费者的痛点。

这些行为都经过了一系列的市场调查，找到了大多数人的需求。在解决消费者痛点的时候，企业自身的价值也实现了。

寻找产品的痛点，说白了就是从消费者的需求出发。一个企业，不光要保证自家产品的质量，完善自己的服务，最重要的一点是要从消费者的角度出发。

很多时候，企业会认为，产品的优点可以概括产品的痛点，这样是不对的，产品的优点是你的产品具有优于别人的特点，而不一定是消费者需要的那个特点，这就会给很多企业造成一些字面上的误会。抓住了产品的痛点，会让它更好地出现在消费者面前。

产品的痛点其实就是消费者的痛点，消费者的需求才是企业的痛点。很多企业找不到产品销售的渠道，就是因为没有找准消费者的最终需求。消费者感受不到产品带来的价值，才会无动于衷，所以，企业在计划让产品上市的时候，首先要把消费者的需求调查清楚，然后结合自己产品的最大优势，让产品完美地呈现在消费者面前。

没有一个产品上市的时候没有经过市场调查，特别是打造爆品，产品前期的定位和市场研究工作必须做好。

其实，还可以有更深刻一点的理解，解决消费者的问题，就是在实现消费者的消费价值，即通过尊重消费者来实现企业的自我价值。

从小米手环看，如何才能击中“痛点”

自从2013年开始，众多厂商看到智能手机市场已经基本定型，很难再有弯道超车的机会，于是将赌注押在了智能可穿戴设备上。期待成为智能可穿戴设备这个风口上飞起来的那头猪，不过动辄几百上千的售价很难培育起这个看似很大的市场。直到小米手环的发布，一下子将手环的价格杀到百元之内，那么79元的小米手环使用体验怎么样呢？

小米手机的问世就让人觉得性价比很高，因为价格适中，性能很好，我自己就使用过小米手机，所以对新推出的小米手环很想体验一下，于是也就在双十一的时候购买了一个小米手环。小米的高质低价我就不过多介绍了，我觉得小米手环最让人觉得人性化的设计就是它非常的省电。在智能手环出现的时候，我也入手过几个，这样可以比较方便地记录自己的运动参数。别的手环，基本上就是一个星期就丢在一边了，唯有小米手环我戴了一个月，现在想一下，小米手环相比别的手环而言，并不是最漂亮的，也不是功能最多的，相反，小米手环的功能很简单，但是能让我使用一个月的原因主要就是它解决了所有手环的两个痛点，即待机和使用功能。小米手环可以待机一个月，这个功能算得上非常强悍了，很多手环基本都是一天一充，待机一个月的简直可以说是神话了，再加上搭配手机解锁真心方便，谁用谁知道。

我觉得在这个电池技术还没有新的突破的情况下，在手环上堆砌太多的功能完全是没有意义的。比如一些手环消息推送的功能，就很不实用，手环的屏幕太小，看了手环推送的消息之后，还需要掏出手机进行操作。

所以，小米手环最成功的地方就是把省电这个优点发挥到了极致，因此才会取得成功。

除了小米手环的成功，小米手机也不是平白无故就取得了成功的，背后有很多不为人知的辛苦。

首先，我们能直观看到的就是小米手机的包装，扎实的牛皮纸风格包装，就是小米一贯的作风。采用了纸张的原色，没有过多的印刷，就是为了回收再利用的时候没有油墨的污染，同时减少了印刷费用。小米的包装盒可以承受85公斤以上的压力，就是为了保障手机在运输的时候不受损害，消费者完全不用担心暴力运输的损害。

小米的设计理念就是为发烧而生，很多用户认为机身后面的小标志实在太不出众。其实小米的定位对象就是年轻人，年轻人的特点就是时尚、热血、有激情。很多手机外观很花哨，乍看一下很容易被吸引，看久了之后又觉得艳俗，小米手机不会给人做作的感觉，整体只有一个色调，而且小米手机的后壳采用的是石墨散热膜，有效地解决了当下很多手机的发热问题。

总体来说，小米现在还是有很大的竞争优势。大家普遍比较认可的就是外观，小米的研发团队还在不停研发，不断改进，总体都获得了客户的认可，而且，在主流手机市场，小米的价格还算便宜。

小米不管是手环还是手机，都有一定的优势，来分析一下原因。

首先，市场定位明确，大多数手机都是为了消费者设计的，但还是有一部分热衷于玩机、刷机的手机发烧友，小米手机就是发现了这一点，设计了为发烧而生的手机。

其次，小米拥有优秀的技术和管理团队，以及更加完备和优秀的技术支持，为小米手机的面世奠定了良好的基础。还有就是快速有效的销售方式，小米采取了线上的销售方式，配送则选择了小米科技旗下的风达承担。强劲的双系统配置，最快的双核智能手机，在硬件配置方面是双核，大屏幕，大电池，信号也好，外观崇尚简单，没有任何多余的设计，小米手机很耐看，很多细节做得很到位。

还有值得注意的细节，就是背面采用了磨砂设计，这样不容易留下指纹，裸机手感也好，正面取消了搜索键，提升了手机整体的实用感。此外，小米手机占了很大的价格优势，线上的销售途径减少了很多的广告费用和渠道费，传统手机行业的门店会使手机附加成本攀升，而这部分的成本最终都转嫁到了消费者的头上。

|第五章|将产品做到让用户尖叫

没有品质的营销做不出爆品

做爆品是需要一定的营销技术，很多优秀的产品，若没有好的营销途径是很难成功的，有品质的营销需要很多技巧。

消费者有很多特点，了解消费者的心理有利于交易的形成。现在的消费者要求虽然众多，但还是具有一定的规律性和特点。要想知道产品如何做到高品质，就需要去解读消费者的心理。

当营销者建立起顾客和他们所需的产品、服务之间的关系之后，就要重点关注需要改进和投资的地方，保证输出良好的服务，提升客户体验，这样的营销就是有品质的营销，做到这样的换位思考，就已经成功了一半。

接下来就是加强对客户生命价值的重视程度，大部分的企业会将客户体验视为提升客户生命价值的最佳工具，当一个企业为顾客提供了需要的产品以及售后服务之后，客户的忠诚度就会变高，对于爆品品牌的依赖度就会增强。

提升对顾客的服务质量。现在很多企业会很迅速地造就一批爆品，继而火速推向市场，这就造成了所谓的单行爆品，但是对于产品的售后问题却不去考虑，当产品出现问题，顾客找到企业的时候，才想到售后问题，没办法第一时间处理这个问题，消费者肯定会不开心，进而就会影响产品的形象，甚至会对企业的形象造成损害，以至于后来消费者会很难再接受这个品牌的产品。可见，有品质的营销是多么重要。

很多企业都会有单品带动品牌的效应，一件好的产品，只要消费者喜欢，就会带动这个系列产品的销售。最好的例证就是轿车的销售，很多人说要爱国要抵制日货，但还是有不少人买日系车，顾客对好品质的需求是抵挡不住的。

日系车除了性价比高，还有一个优点就是比较省油，这绝对符合中国国情。并不是我们不支持国产车，只是国产很多时候都让我们失望。

企业在做产品的时候，一定要用产品的质量说话，这样就会保障好企业的品牌效益。现在这个时代发展迅速，产品不光要求质量好，还要跟上时代的步伐，市场上产品的更新换代特别快，如何选择一款不被这个网络时代迅速淘汰的产品是很重要的。

比如手机的发展多么飞速，一开始是按键手机的天下，很快就被键盘手机替代，继而，市场就被触屏手机全盘端下。接下来就是手机屏幕大小的问题，手机屏幕一直在变化，很多企业还没有考虑到这一点就已经被赶着下架了，所以，企业在新产品问世的时候，一定要考虑好这个产品的时代性，不然，很容易被别的手机所代替。

在这个快速消费的时代，很多事情也会被这个信息化的网络所取代，就像以前人们出门消费都习惯付现金，近几年来，用支付宝、微信支付的情况越来越多了。

曝光不一定能做成爆品

爆品是一种极端的意志，是一种信仰，更是整个企业运转的灵魂。以前的爆品都是由内而外产生的，不是把产品曝光在光天化日之下，可以这样说，所有的爆品都是把自己的产品优势放大。

打造爆品的重要技能，就是给产品增加一定的流量。几乎所有的企业都知道一个事实，就是一定的产品流量会产生一定的转化率。要注意的是，爆品的打造，有时候不能全部靠流量。

很多企业认为打造爆品，就是把自己的产品全方位地给消费者展现出来，这样的理解可以说是和这个时代脱节的，因为这个时代需要的是一个给消费者展现产品优势的爆品。

这是一个快速发展的时代，消费者没有那么多的时间，像传统的企业那样建立一个长时间的信任状，只能从产品各方面的性能出发，看它是否能满足自己某方面的需求。

一些企业已经领悟到了这一点，于是他们开始在各个方面展现自己的产品优势。在尽可能大的范围内，尽量曝光自己的产品。可是很多产品还是没有成为传说中的爆品，是什么样的原因导致了这些企业的失败呢？

其实道理很简单，就是产品的优势并没有被放大。因为企业尽可能想把自己的产品展现出来，所以会寻找各种时机来展现产品。可以这样说，每一个产品都是有缺点的，企业把自己的产品全方位地曝光出来，可以说缺点、优点全部展现在消费者眼里，这个时候产品的优点和缺点全部都是被放大的状态。

你们可以设身处地地想一下，如果一个产品被无限放大呈现在你的眼前，你首先看到的是缺点还是优点？关于这个，虽然我没有去特意调查过，但是可想而知，看到缺点的人，肯定比看到优点的人多。这就是现在人们特有的消费观，选择产品，要看这个产品的缺点是否能被自己接受。

而那些成功打造出爆品的企业，同样采取了这样的方法，结果就成功了。因为这些成功的企业会把产品的优势完全曝光在消费者的视线之中，把产品的缺点尽量模糊，这种情况下，消费者看到的都是产品的优点。

当然了，这些产品的优势呈现也是有营销人员在给消费者指引。聪明的企业在打造爆品的时候，会根据市场的需求来做一些适应消费者的模式。

所以企业不要单纯地以为爆品的打造，就是给产品增加一定的流量，这个方法是正确的，但又不完全正确，如果会带来负面效应的流量，就不要让它出来了。

用产品塑造口碑

什么是产品的口碑呢?

口碑就是这个产品的出现，超过了消费者对这个产品的预期感受。简单点说，就是你在普通的餐厅里消费却享受到了五星级餐厅的服务，大大地超过预期，绝对会有口碑。

这里说一个口碑特别好的企业，就是海底捞。海底捞的服务非常贴心温暖，真正是把消费者当上帝服务。

小米的创始人雷军曾经也这样认为，“做口碑最好的企业就是海底捞。我甚至都要求小米的高层人员去体验海底捞的服务，我自己也亲自去海底捞体验过，确实有打动我的地方，那就是他们的每一个服务员都在笑，是真的在笑，不是那种见到顾客了，形式上的一笑。”

良好的口碑效应在商品的后期销售中，可以看出很大的优势。

有一个专有名词，叫作病毒系数，就是消费者在买东西的时候，他有多大的可能把这件商品传播给另一个人呢?

病毒系数对传统企业并没有太大的影响，但是对于互联网时代的商家却至关重要。就像有一段时间推出的可以把人的图像变化成3D效果的画像，我非常喜欢，把它分享给了我的朋友们，果然，网上很快就刮起了一阵3D图像热。

这就说明这个产品的病毒系数是比较高的，对于消费者比较有吸引力，所以企业在打造产品的时候，要多调查一下这个产品的病毒系数。

再举个例子，在2011年左右，中国的互联网突然出现了一个叫微信的产品，自从微信出现以后，以前的聊天软件基本上就被微信打败了。为什么微信会成为聊天工具中的佼佼者，微信的创始人张小龙说过：“最重要的，就是让用户在使用的时候感到爽。”

张小龙解释说：“因为用户没有感觉到爽，所以很多公司的产品能够过‘技术’这一关，但过不了客户关，这类产品都缺乏艺术的思想。真正的互联网产品是技术和艺术的结合。”

现在微信上面“摇一摇功能”中咔咔咔的声音就是他精心挑选设计的。“这种枪声，可以是一种性感的按钮，对于男生来说，也可以是暴力的象征，会让你感到莫名其妙的爽。”所以，这么多年过去了，微信依然存在，并且衍生发展出了强大的微商团队。

其实，很多企业的产品成为爆品，真的没有什么特别的方法，就是靠着产品自身塑造出来的，并不是像淘宝上面那种跟风而来的爆品。企业想打造爆品的时候，首要要把自己的产品做好。

与时俱进，快速迭代

随着互联网的快速发展，很多传统的企业遭遇了倒闭的危机。原因很简单，就是因为传统的企业没有随着时代的变化而改变，才会慢慢地被这个社会淘汰掉。

正所谓“创新是一个民族进步的灵魂，是国家发展的源泉，也是一个企业持续发展的不竭动力”。新产品的发展总是可以占据市场的核心竞争

力，也是企业最直接的竞争力。

互联网时代的消费者需要的是一个动态的市场，与此同时，企业也应该与时俱进，并且使得产品和使用环境相结合，不能出现科技跟上了，但产品没有跟上的情况。

家居方面，人们最先改变的是自己家的厨房设施，这才是提升家庭生活质量的第一步。人们对油烟机的需求大大提升，中国市场上的油烟机也在不断的创新中，一直坚持着走技术创新的道路，真正以消费者的需求为目标，不断研发以满足中国消费者未来需求的高质量产品，推动整个行业的健康发展。

随着深型油烟机在国内市场的普及，在效果相当的情况下，消费者对清洗方便的功能越来越看重了，这又引发出了产品的创新，打破了传统的油烟机免拆洗的概念神话。

我国的油烟机市场是在1980年左右开始建立的。在1984年的时候，上海的秩灯厂仿造了台湾地区的油烟机样品，制造出了第一台大陆地区的油烟机，但这种机器并不适合中国人的需求。于是在1993年的时候，国内的第一台油烟机在帅康诞生了，它有效地解决了传统油烟机的缺点，并且在1996年的时候，拿到了全国油烟机销售量排行榜的第一，从此掀开了国内油烟机行业革命性的一页。

随着中国民众消费水平的不断提高，欧式的消费理念兴起了，于是很多中国的企业又开始转战欧式的油烟机了，中国人的创新能力不容小看。中国的技术加上欧式的外观，这既满足了消费者对油烟机高档化的装饰需求，又克服了欧式油烟机存在的质量问题。

在2000年的时候，帅康首先推出了免拆洗系列油烟机，成功引领了油烟机行业的第二次技术升级。帅康再一次创造了神话。

现在很多房子的厨房设计都是开放式的，所以消费者对油烟机的要求普遍较高，总不能做一顿饭就把家里搞得全是油烟味吧。所以，现在人们对油烟机的需求就是吸油效果要好，噪音要小。

帅康成功地研发出了满足市场需求的油烟机，该产品进入市场之后，很快就赢得了消费者的认可，获得了一致的好评，并且使得油烟机市场的发展回归到了理性选择上。

其实帅康的成功也不是一蹴而就的，也是经过了多年的市场洗礼演变而来的，如果不是企业一直坚持，不断地根据变换的时代创新自己的产品，可能早就已经在市场上消失匿迹了，正是因为帅康的坚持，才打造出了油烟机市场的爆品。

|第六章|做产品，注重用户参与感很重要

口碑至上，做让用户肯定的产品

心理学上有一个同理学，从营销的角度来说，意思就是设身处地地从用户的角度出发，这其实也是做好产品最重要的一点。

企业会将客户分为两种，一种是老顾客，就是对企业已经有了一定感情基础，另一种是新顾客，这种顾客的开发难度比较大。新顾客需要企业培养起二者之间的信任，对于不同需求的消费者，企业要选取不一样的战略。在这个飞速发展的现代社会，市场上同一类型的产品有许多，怎样才能让客户挑选你的产品和服务呢？这是许多企业需要解决的重要问题。

在当今社会，消费者对产品的需求已不只是停留在产品的功能上，已上升到了情感需求的层面，甚至是自我实现需求等多方面。这就是产品越来越人性化的原因，也是产品更新迭代这么快的原因。

很多企业都想在产品问世的时候，让消费者挑选自己的产品和服务，让自己的产品树立一个好的口碑，和消费者建立良好的关系，产品只有得

到了顾客的肯定，才能树立良好的口碑。首先，企业要不断地挖掘出用户的潜在需求，从消费者的某一需求出发，尽力做到极致。消费者购买产品，往往是为了满足自己某方面的需求，因而，企业要善于挖掘消费者的需求，不断完善自己的产品和服务体系。

消费者的需求是不断改变、日益增长的。在这个以用户需求为导向的市场环境中，企业要不断完善自己的产品功能。可以依据不一样的客户群体，开发出不一样的产品，满足不同层次人群的需求，进一步提高自己的服务质量；要从顾客的角度出发，打败同行业里的竞争对手。

对于企业来说，同一款产品在市场上会有许多的竞争对手，要想让客户购买自己产品，在性价比方面就要有绝对的优势。在企业平时的运营中，良好的推广战略、推广活动必不可少，它是与客户接触的最佳时机，也是展现自家产品和服务的时机。

让产品为企业树立口碑，口碑是人与人之间面对面的传播，所以容易让人信服。口碑效益具有自发性和主动性，口碑具有强大的可信度，在人群之中是主动向外扩散，一个产品一旦树立起好的口碑，可信任度就高了。

一般情况下，口碑传播都发生在朋友、亲友、同事、同学等关系较为亲近或密切的群体之间。在口碑传播之前，他们之间已经建立了一种特殊的关系和友谊，相对于纯粹的广告、促销、公关、商家推荐而言，口碑传播可信度更高。

一些调查报告显示："在消费者有相应需求时，他们往往先通过身边的亲朋好友了解某个产品或公司的口碑，亲朋好友的建议对最终决策起到了很大的作用。”同样的质量，同样的价格，人们往往会选择一个具有良好口碑的产品或服务。

现在，很多企业都把“以客户为导向”作为战略或者是经营理念，但是很多时候，这种导向在执行中却出现了偏差，比如服务人员为了多推销产品和服务，常常不考虑顾客的需求而喋喋不休，或者对那些迟迟不能拿定主意的顾客说三道四，甚至对那些看起来不像目标顾客的人冷眼相向，这些行为都是让人们传播负面信息的来源。

在消费者的消费体验中，他们更容易记住表现中的不足，所谓好事不出门，坏事传千里，就是这个道理，一点不足对于人们的记忆远远超过十点好的表现。因此，企业要赢得好的口碑，一定要让每一位员工都面带微笑，虽然有些顾客不一定是来消费的，但是员工的表现会让他们津津乐道，他们会主动帮你传播你的与众不同。很多时候，有些顾客还会被你的真诚打动而改变主意。

好的服务是形成好口碑的重要因素，虽然很多企业认为这样将会花费很多的人力成本，但是和那些惹消费者烦的广告相比，哪种投入更划算呢？企业要多为消费者想一点，多考虑一下消费者的感受，多重视一下他们的声音，企业就可以省一点，还可以多赚一点。

定期做一些酬谢宾客的活动。每年都挑一些时间进行促销，会带来不错的效果，比如在节假日，或者在企业的年度庆典，这些活动能够让消费者感觉到你在关注他们，就会因为这样的日子前去消费，甚至会成群结队地去支持你，但是，不能天天都这样，也不能名不副实，酬宾一定要让消费者真的感受到实惠。

电商时代，大家熟悉的酬宾活动有天猫每年的“6·18”狂欢节，还有淘宝的双十一促销活动，很多人都会提前几天把需要的东西放进购物车里，还有很多人会守候在电脑或手机上，一夜不休地等待狂欢节的到来，这就是企业为消费者带来的活动，试想一下如果没有这些活动，就不会带来庞大的访问量。因为这些活动让人们津津乐道，淘宝和天猫才能在人们选择网购的时候成为首选。

让消费者成为你最尊贵的客户。每个消费者都希望成为企业的贵宾，在银行或者在电信营业厅办理手续时，消费者都希望自己能够得到优先服务，在餐厅，消费者都希望下次来的时候你能记住他并给他一些优惠。因此，对于企业来说，给顾客打折卡、会员卡，给消费者提供他们喜欢的服务，会让你的产品或者服务细水长流。

比如，在淘宝店消费时，有时候消费者并不十分在意产品的质量，反而是商家赠送的一些小礼品和店长的手写信会让顾客产生很大的好感，这也让很多赠送礼品的卖家成就了很多爆品，这就是真诚的力量，可能赠送的东西不值钱，但免费得到的东西总比自己花钱买来的东西更让人有惊喜感。

关注顾客的看法。当一些顾客对你提出建议时，不要告诉他们你都办不到，你要将他们的意见收集起来，或者在适当的时候告诉顾客你们采取了什么措施。消费者都希望他们的意见能够给企业以指导，如果你的员工找借口或者不正确对待这些意见，会大大打击消费者的积极性，必要时，甚至可以出版他们的意见，让他们感到自己被重视。

重视消费者的意见能吸引更多的人前来光顾，这就是尊重顾客的优势，很多时候顾客在乎的不是产品有多优秀，而是需要一个良好的态度。很多人在淘宝买东西，可能并不知产品到底好在哪里，但他们会说我买的不是产品，是服务，这就说明了企业的服务对于消费者是多么重要。

在消费者中间树立起良好的口碑，让他们利用尽可能多的机会去宣传那些留给他们美好印象的东西。只有为人们广为传颂的产品才会引起更多人的注意，这比广告的效果要来得长久和有效。

真实可信是任何口碑传播战略的成功之母，这里千万不能存有炒作心态。信息要真实可信，产品的特色、性能或消费者价值要得到第三方的印证，这样的第三方是由衷地发表意见，积极的口碑传播者比营销人员想象的要聪明得多。

在品牌沟通过程中，诚实和真实才能激发起他们的热情。隐藏在人群中的意见领袖只要受到合理的启发和推动，一定会通过某些渠道来传播他们获得的最新认知。可以这样说，口碑可以成就一个企业，也可以毁了一个企业，所以企业一定要注意到这一点，特别是爆品的打造，好的品牌口碑能让产品更具优势，产品的口碑要靠品质，要靠企业后期的产品服务。

准确定位你的用户

用户的定位是什么？怎样才能定位好消费人群？

现在是互联网时代，人们似乎很接受现在这种网上消费的模式。这对于消费者来说是比较方便和节约时间的，也使得一些企业开始大肆在网上销售自己的产品，但是好像不是每一个企业都会成功。

不管是互联网时代的销售，还是传统企业的销售，都需要给自己的产品定位一个销售人群。这样就可以把这个产品的优势投放到这个人群之中，或者制定出一系列符合这个人群的销售方式。

这个消费者的定位是比较好理解的，就像你是卖电视的，所以你应该找到需要买电视的人群，而哪些人是需要买电视的呢？总不能把电视推荐给去挑选电脑的人吧？

就像可口可乐在市场上的定位就是年轻消费人群，所以可口可乐的外观设计首先就是大红色，这代表了年轻人的热情奔放。

其实，为了迎合年轻的消费者，可口可乐在2013年的时候就推出了符合中国消费者需求的新包装。还是一贯的红色包装，但是可口可乐的四个大字已经开始退居二线了，取而代之的是“文艺青年”“高富帅”“白富美”等字样。

另外，为了符和这些年轻消费者的特点，可口可乐代言人的选择也是符合年轻人们的需求。1993年，张国荣作为中国第一个可口可乐的代言人，在当时大大促进了可口可乐的销售，因为张国荣在那个时代是超级偶像，一身的青春信号，为可口可乐带来了饮料界销售第一的神话。

说到可口可乐，就不得不提一下百事可乐，百事可乐一直没有超越可口可乐，就是因为可口可乐不断地改善自己对消费者的定位，前期的时候可口可乐觉得大多数的中年人应该会喜欢这种带气的还有点甜的饮料，因为这个口感和啤酒很像，但是因为含有很高的糖浆，一直没有被中年人接受，因为很多的中年人觉得在这个年纪吃太多的糖，对身体的影响很大。

但是可口可乐并没有觉得有什么，在之后的调查中，反而发现了在购买可乐的人群中，相对年轻一点的人们对这种可乐更加喜爱。于是他们又开始做了一系列的调查，最后把目标定在了15岁到30岁这个年龄段的人群，他们发现这个年龄段的消费者购买的频率是比较高的。所以可口可乐又重新地把自己的产品定位在年轻人阶段，并且把这种鲜艳的红色标志，形容成年轻人的热情豪放。这使得更多的年轻人开始尝试这种饮料。可口可乐还请了一些当时年轻、积极向上、充满活力的明星代言，而且他们对代言人的选择也是随着时代的变化在变化着。

也可以这样说，时代在变化，明星在变化，人们也在变化，唯独年轻人对于可口可乐的喜爱没有发生改变。因为可口可乐永远觉得自己是年轻的、向上的、充满活力的，就像它的名字一样，给消费者可口、快乐的感觉，让年轻的人们感受到可口可乐的这股热情。

试想一下，如果当时的可口可乐没有考虑好消费者定位，觉得这个可乐是可以代替中年人喝的啤酒，继而把消费人群还是定位在中年人中，估计就没有现在的红色帝国的存在。

让用户产生参与感

企业在找到适合自己产品的核心销售途径之后，接下来要做的就是引爆用户的参与感了。其实在这个庞大的互联网时代，大部分都是由用户的参与感造成的。

产品的销售固然重要，但是不断地提高消费者的参与，让企业拥有更优质的、忠诚度更高的顾客更为重要，而拥有了忠诚度之后的顾客就会更倾向于为这个产品做宣传。

人们都熟悉的谷歌，最近它的广告策划发现，网民拍了近4000亿张照片，这个庞大的数据，可以说占据了自古以来拍摄的10%，而这其中卖萌搞怪的照片又占据很高比例。比如最近几个月，光是网民们上传到网上的各种屌丝舞就已经多达50万个，而在这之前，谷歌上关于喵星人的照片已经达到了空前之高。

在互联网上，用户的参与感其实是一个等量交换的过程。心理精神分析学家唐纳德·威尼康特认为，人类第一次情感的表达就是婴儿对妈妈的微笑，然后妈妈回复一个微笑，这种行为被称为“社交性微笑”。而在互联网上，人们在不断地分享自己的图片或视频的同时，不仅要和大家分享这个事物，还要分享由这个事物引发的感情。

谷歌认为，这种能量的交换每天都会发生的，比如彼此之间互赠小礼物，或者共享这个快乐的瞬间，都是一次小的分享。所以在互联网时代，用户的参与感就是一种创造力的游戏。

但是如何才能激发出用户的这种创造力的游戏呢？其实总结了网上所有的精髓之后，得出的结论是用病毒性的内容激发消费者的参与和热情。

传统的营销本质就是做好广告的代理，而互联网时代就是需要不断地制造出新闻和话题，这样就可以刺激消费者不断地和企业进行互动，从而产生更多的热情，还可以通过在网上与粉丝之间的一些互动，加深消费者

与企业之间的羁绊。这无形之中对企业打造爆品是有优势的。企业把用户参与做好了，那么这个企业的产品肯定是被消费者认定的，这就是企业尊重了消费者，让消费者参与自己的产品，在后期就可以提高消费者的满意度。这样就改善了用户的整体体验，然后抓住最核心的东西来提高消费者的满意度……当然良好的用户体验是提高用户参与感的前提。

不管哪个消费者在选择消费的时候，都想体验一下产品。让用户产生参与感，这样就增强了产品与用户之间的了解和信任，这个时候，消费者看到的就是产品和服务的态度，所以对于产品的需求就开始大了，这样就形成了企业与用户间最直接的需求。

最后，企业要多多地让用户参与自己的产品互动，多给消费者提供一些和产品互动的机会，这样才可以牢牢地抓住企业与消费者之间的互动优势，打造爆品就指日可待了。

做到“集体围观”

企业打造爆品，不仅仅需要一个好的产品，更需要一个好的营销方式。现在企业为了打造爆品，可以说什么营销模式都可以做出来，但是并不是每一个营销都成功了，也不是每一个企业都有符合大众的营销模式。

许多企业认为，只要产品做出来了，总会找到营销团队把产品销售出去。还有的企业干脆就是跟风做出很多的产品，认为这样总有一款产品会成为爆品！其实这样做反而使企业变得被动了，对于打造爆品很不利。可以反观一下，很多打造爆品的企业都是主动出击，为自己赢得主动权。

这两年，逢年过节明显和以前不一样了。现在的过节就是发红包、抢红包，而在这些红包大战之中，支付宝无疑抢占了所有的风头。记得去年，还没有开始过年呢，朋友们就开始晒出各种各样的集齐五福可以领到2.15亿的宣传语。

天哪，这可是真金白银啊！不管花落谁家了，这和中了五百万大乐透是一样的，于是乎，网上开始了各种各样的福字收集。然而人们忙碌了一番之后发现，总是有一个福字找不到，就是敬业福，最后使得敬业福在淘宝上都卖到1000元的高价。其实，这个方法已经被以前的企业家玩烂了。但是在网络时代，支付宝把这个方法拿到网上，掀起了足够大的风浪，这不仅使支付宝的流量刷到爆，也使支付宝成功地为自己做了一个“幸运”的营销事件。当然，最后还是有人集齐了五福，但是并没有领到传说中的2.15亿，而是领到了272元。虽然最后这个结果让人接受不了，但是不得不承认，支付宝很好地为自己营销了一回。

爆品的迅速走红，并不是单单靠着一个一个拉动消费者，这对于企业来说成本太大，一方面时代发展迅速，爆品的打造要符合时代的发展要求，另一方面需要大批量用户愿意接受，并且愿意为这个产品做宣传，这样产品的成功率才会很高。

事件营销的影响力是比较大的，范围也是比较广的，传播的效益也是非常快的。这种产品自带营销模式的行为，这种事件营销，一旦成功就是爆品，一旦失败也就是失败了。所以企业在事件营销的时候，就该做好用户该有的信息，这样成功的概率才比较大。

圈住用户，打造粉丝效应

产品成为爆品，离不开用户和粉丝们的喜爱和信任。但是很多企业就是注意不到这一点，对于用户的服务和售后就是不那么在意，总觉得只要把产品更多地展现给消费者，这样就可以获得消费者的认可，还可以积累很多的粉丝。

企业总觉得消费者和粉丝是被产品的优势吸引来的，其实真实的情况并不是这样的，同类产品、互补产品这么多，总会有某种产品的质量超越你，所以说各种企业粉丝都是经过精心的互动培养出来的。

粉丝效应应该都是从一个小族群开始的，大家因为这个东西对自己有吸引力，或者说因为兴趣聚集到一起了。当然，在这个互联网时代，也更方便了这种兴趣的聚集。

在中心化的互联网时代，可能会衍生出无数因为兴趣而聚集在一起的族群。小米手机开始就是把很多的发烧友聚集在了一起。

小米是先开始做系统软件，然后才发布手机硬件的。但是不管是谁先谁后，都是为了坚持一件事情，就是“为发烧而生”。手机的硬件是高性能，软件的系统定制很高，产品的特点很鲜明，为此吸引了很多的发烧友用户。小米手机上百万论坛活跃用户是小米所有几千万用户的原点。

小米手机一直秉承“粉丝效应是不可设计的，但是可以因势利导”，应该给予他们更多可参与的互动方式。小米手机每周更新的“橙色星期五”、小米网站开放式购买的“红色星期二”，还有小米手机的线下活动的“爆米花”，以及小米公司每年的公司庆典“米粉节”，这些都是小米手机给粉丝们提供的参与感。

记得2014年举办的“爆米花”活动，因为暴雨问题，致使一些工作人员没有及时到现场。但是令人没有想到的是，在雷军他们赶到珠海的时候，粉丝们就已经帮助小米搭建好了舞台。

其实小米真正厉害的地方，就是让自己的员工成为自己的粉丝。粉丝文化，就是让员工成为产品品牌的粉丝。

所以打造爆品，让粉丝为企业开出一片新天地是十分必要的，企业应该知道粉丝对于产品的影响有多大。只有拥有一定量的粉丝效应，给企业带来更多的产品营销，企业才会产生更大的经济效益。

第二篇
打造爆品

| 第七章 | 做爆品，注重选品和产品设计

引爆产品的前提是选对产品

每一个企业或者卖家都想打造爆品，它会给企业带来自然流量，所以打造爆品一直是运营商的头等大事。虽然不能选择问世就是爆品的产品，但是我们可以选择一些具有潜力的产品啊。

首先，要想打造爆品，产品的质量一定要靠得住，这是成为爆品最基本的条件。不要找一个质量有问题的产品来忽悠消费者，即使前期会得到一些效益，但后期搞砸了就得不偿失了，甚至会砸了自己的品牌。

其次，现在很多的产品都会被垄断。很多企业会对产品进行品牌垄断，这样的产品也不适合做爆品，所以就不要去做了，因为很多消费者的品牌忠诚度会比较高。

再次，打造爆品，不能进行盲目的推广，要选择一些比较有畅销潜质的产品。就像苹果手机，在不推广的情况下每个月的销量也是遥遥领先于其他一些品牌的手机，后期再做一些推广就有一种锦上添花的作用。

产品前期的销售效果很好，回头客比较多，等得到顾客认可之后，就说明这个产品的潜力是很不错的，可以考虑继续推广了。现在很多的自创品牌也是比较流行的，但是没有知名度的自创品牌是很难成为爆品的，因为它不符合消费者的搜索习惯，也没有一定的市场基础，热度不高就很难成为爆品品牌。

这些就是成为爆品的基础。当然，不能别人卖什么好自己就跟风卖什么，这种方法有利有弊。别人卖得好，说明市场需求大，有市场需求肯定就有爆起来的可能。但很可能你做的时候产品的质量和价钱没有很大的优势，这样就很难和别人抗衡，即使别人的产品成了爆品，你的也很难成为爆品，当然这个产品会不会成为爆品的首要条件就是质量和价钱。

如果你的产品质量很好，价钱让人接受不了也是不会成为爆品，而且还要看你的产品选择了什么样的消费群体，毕竟市场的需要才是最重要的。不是有了爆品才有品牌，恰恰相反，品牌才是存活的根本。

首先，产品自身条件很重要，一款产品从选择到质量，再到市场就是一个整体，中间任一环节出现了问题，这个产品都很难成为爆品。

其次，就是产品再升值的空间，一个产品不可能在问世的时候就会变成爆品，还是需要一定的时间沉淀的，所以我们要看产品是不是潜力股。一个企业注重塑造一个好产品的过程，这个企业肯定就有发展性、延长性。产品要成为爆品还有一点是要精致，产品精致是每个企业追求的，因为人们见到精致产品的时候，就会产生购买它的欲望，所以产品不管是自身还是外在的包装，LOGO之类的要尽量做得完美一点。

现代社会，人的审美观一直在上升，所以企业的产品内涵也要做好，这也是时代发展更新迭代这么快的一个重要原因，所以产品一定不能在上市的时候就被淘汰了。这就需要企业在选择产品时多做出一些调整，要适应社会的飞速发展，爆品也不会总是一下就火爆起来。

爆品不一定是企业一推出就立刻会火，需要给产品一个可以展示自己优势的过程，需要给顾客一个了解和接受产品的过程。只要产品做到自身的精致，早晚总会有人发现它的精彩，距离爆品也就不会太远。

打造爆品，关键是要选择一个对的产品。因为市场需求一直存在，对于消费者也是一个负责任的行为。当然也要根据原有的产品进行选择，这样可以促进后期的联合销售。

做新主流的产品，在红海中寻找蓝海

近几年是电竞产品最火的时期，特别是这两年简直就是跨境电商的红利期，但是也有大批的电竞产品死在了路上，这是为什么呢？现在电竞平台的产品，一般都是走销量，基本上就是走销量不看质量的，让很多的消费者非常不满，所以就会出现产品市场空洞。

很多的电竞企业应该都知道红海蓝海。蓝海战略曾是商界比较流行的一个词汇，它是指有特色的竞争，与之相对的红海则是指同质化竞争。蓝海战略要求企业突破传统的血腥竞争所形成的“红海”，拓展新的非竞争性的市场空间。与已有的、通常呈收缩趋势的竞争市场需求不同，蓝海战略考虑的是如何创造需求，突破竞争。简单地说，就是敢于在传统的产业上做新的改变，在以前的产品上大胆地进行改变，这样就会提到一个词语：创新。电竞市场已经饱和了，很多没有创意的产品已经吸引不了消费者的购买欲望了，所以企业不能把产品做死了，这里的创新不是从0到1的改变，而是在原来1的基础上把它做成7，这样就会吸引消费者。

其实，市场的需求还是很大的，做主流的产品就是在新的环境下满足顾客的旧需求，就比如手机数据，从2G到3G这就是一个跨越，让人很惊喜，这就是所需要的主流产品。这里所谓的主流产品就是生活的必需，可以再往上改进的产品。不能让自己陷入红海，而要让自己向着蓝海区域进发，就像现在有了微信、有了打车软件、有了外卖的软件、有了旅游的一些攻略等。

当然在这之前也有一些比较好的攻略，但是最开始的时候，产品的效果也是差强人意的，现在是数据时代，难道就不能沟通解决吗？

与其去创造需求，不如让顾客的体验更加有情感，更加贴近生活。当然现在的主流产品也不是很容易寻找的，特别是要开发新的主流产品，要考察市场产品质量，这样就会容易进入一个红海区域，所以创新还是很重要的，最起码会把主流的产品推向市场的前方，这样产品成为爆品还是很容易的。

企业要避开传统产品的价格竞争，这样就会导致产品过剩；还有些产品不能依靠传统的模式去做，因为社会在进步，消费者的思维也在进步；还有就是人们的需求在增加，精神上的需求还是挺大的。所以，产品的主流不一定能拉动顾客的消费心理，这就需要在原有的基础上加以创新。这也决定了企业不能按照老的思维模式去发展，否则就会被这个快速发展的时代淘汰，也会被人们无情地淘汰。如何让产品走向新的趋势呢？首先最重要的还是产品的质量，不管什么时候，质量不过关的产品永远成不了主流。

当然，质量好的产品可能也不是很快就能占领市场的，所以我们还是要把产品的安全性做好，就像前段时间某品牌手机出现爆炸事件，这样的问题被曝光出来，谁还敢用？毕竟现在手机在人们生活中是重要的，安全系数这么低，消费者敢每天带着一个炸弹在身边吗？

最后还有产品的售后问题，就像前面提到的手机爆炸，出现这样的问题，被曝光了，该怎么处理呢？应该给消费者一个完美的解释吧！不能全部召回，也要给消费者一个可以继续相信的理由吧！一旦产品出现问题了，传统的企业就会推卸责任，这样做估计离封店也不远了！主动承担问题不是比逃避责任收益要大吗？

所以现在的产品消费问题，一定要跳出原来的固定思维，开启新的思维模式。消费者总是喜欢消费新鲜的产品，所以产品也要根据大部分的消费者进行改变，市场的需求还是很大的，产品要跟上时代发展的需求。

完美产品应该有三个特质

优质的产品彰显的是其自身构造形成的特点，一般包括产品的外在质量、内在品质和商标之类，企业就是靠这些优良的特质去吸引消费者的购买欲望的。因为好的产品特质会影响消费者的认知行为，消费者会根据这些特质购买产品。

产品的三大特质就是：代表性、可持续性、稳定性。

一个产品的价值或者说意义，都不是无中生有的，它是由激发自我形象维度决定的。这就说明了产品形象和自我概念的各种关系，也显示了消费者的自我概念或者自我形象一直是消费行为的重要因素，这也是很多时候消费者会选择一些具有代表性的产品进行消费的原因。

一般人也会找一些具有代表性的产品进行比较，这样就可以让产品的主体地位不动摇。首先来说一下人们需求比较大的手机吧，提到手机，大家都知道苹果手机，不管你有钱没钱，反正就是对它有很大的憧憬，这不光是对产品的信任，更是一个品牌的成功。不得不说人很多时候追求一个很完美的产品，也是因为品牌效益，当然这个也是很多企业很难做到的事情。

接下来就是可持续性，通过产品方面的投资和努力实现可持续性愿景，尽量减少废物，提高其产品和流程在环境、健康和安全方面的表现，使用更少资源来提供具有竞争力的产品和技术，满足市场的需求；分析产品生命周期的影响，继续开发持久耐用、含有回收或可再生成分、可被回收或有助于提高终端产品环保性能的创新产品；与供应商和合作伙伴协力推动负责任的环境管理和提高可持续性的共同目标，致力于维持安全和健康的工作场所，并在这可持续性重点领域内创造更多的价值。

产品的可持续性是比较重要的，如果爆品不具有可持续性，就会消失在消费者的眼里。可持续性不单单体现在产品的质量上，还有很多方面需要持续地发展下去，包括产品的回收再利用问题、材质问题等等。例如，小米手机的包装材质，就是原木质的包装，没有任何的石墨设计，这样在产品回收再利用的时候，避免存在难以处理的石墨。

这样的产品设计就是一大亮点，这样可以回收再利用的产品材质就是产品一个很大的优势。消费者在消费的时候，对这个是很有好感的，这就造成了一个效应——品牌效应。并不是说一个产品只要出了很多的相继产品就是具有所谓的可持续性，而是要注重产品的能动性，一般具有可持续性的产品会带动整个企业的流动性产品，很多时候一个产品具有可持续性可以获得长久的利益。

这个特性算是完美产品比较重要的特点，因为一个产品只有具有可持续性，才会给企业带来好的经济效益，才会给企业带来更好的发展。产品具有可持续性就代表这个产品会一直长销不衰，质量也会不断上升，这是一个企业需要注重的环节。因此，企业要多多注重产品的质量和细节，这样才会可持续发展。

除此之外，还要保持产品的稳定性。所谓产品的稳定性就是最终的结果达到稳定，达到产品均衡的效果。现在的消费市场，很多产品的不稳定导致了产品过剩，出现了产品赤字的问题，这就是消费市场不稳定导致的。很多企业可能上市就是爆品，这样就会导致产品的赤字，供不应求了，这样市场就会出现空缺，紧接着就会有很多的模仿者出现，导致市场的不稳定性，极有可能会出现价格战。

这些问题都是导致产品不稳定的原因，所以产品上市之后，企业一定要注意产品的稳定性，注重产品的特质，每一个问题都要考虑。这三个特质就是打造完美产品的必要条件，一个企业要想打造完美产品，代表性、可持续性、稳定性是必备的。

企业要打造完美的产品，产品的选择很重要，还有产品的后期发展也是比较重要的。企业打造爆品，无非就是为了产品的可持续发展，给消费者一个完美的呈现。

要做爆品，先要精简生产线

生产线就是一件产品从原材料到加工生产，一直到产品成型的过程，要做爆品首先要精简生产线。一个企业要想把产品做成爆品，往往背后的生产线才是真正让消费者感兴趣的。产品的质量和外观决定了消费者是否选购这个产品，从原材料到产品成型，这个过程是决定你的产品能不能成为爆品的前提。

首先在选择产品的原材料时要精选，把好质量关。不管企业做的是什么产品，都要注重产品的质量问题，这是毋庸置疑的。因此一定要选择好的生产材料，一个产品企业用心地去生产，消费者是能感受到的。就像现在很多的微商产品，为什么可以迅速地火爆起来，因为现在的销售人员会在网上列出自家的产品生产线，这样就和消费者之间建立了一个相对信任的状态，消费者对你的产品产生信任，再加上一些营销手段，所以产品的销售很火爆。

现在有很多企业会根据当时出现的爆品，赶紧地跟风做一些爆品，这样就不能保证产品的质量，只保证了数量，而质量就难说了。现在很多企业都是这样跟风做爆品，根本不会等到做好了自己的生产线再做爆品。复杂的流水线工序繁多，根本不能保证产品的优质，要做爆品，就先要精简生产线。

精简流水线主要是要精，即企业在生产的时候要做到极致，原材料的选择一定要精细，选择好的生产材料会让企业的产品更出众。现在有很多企业就是因为精简了生产材料，所以产品在成型的时候就会出现各种各样的问题，这个时候企业就会很头痛自己的产品。

你想一个无名的产品突然出现在你的视线里，你什么都不知道，也不了解，但是它敢把自己的生产过程呈现出来，让消费者知道这个产品是怎样生产出来的，而不是像网上说的是在小作坊里面生产出来的三无产品，这就是精致生产线的优势——和消费者建立起了相对的信任。

接下来就是要对生产线做到简，这个也是企业要注意的，因为繁杂的生产步骤不光影响生产的质量，还会减少生产的数量。企业的效率低和生产线有很大的关系，简化生产线的步骤是有必要的，爆品一般都是简或素，这样比较符合现代人的审美观。

还有就是繁杂的产品可能就是一时的火爆，继而就会被淘汰，所以爆品一般都有一个共性，那就是简洁的产品。

如果企业打造一个爆品，给消费者展现的是复杂繁重的工序，消费者也会不耐烦的。

另外，产品的质量要保证，而且生产的时候还要注重产品的外观，这都和精简的生产线是脱不开关系的。

比如，新闻中曝光的很多产品，其生产制作的地方都是一些脏乱差的院子和没有消过毒的生产车间，这就让消费者对此类产品有了很强的芥蒂，这样的产品只会一时出现在消费者的视线里，过一段时间就会被别的产品所替代。

所以，企业不管是要打造爆品还是要生产平常产品，都要注重产品的质量，生产线始终都是至关重要的，这是影响一个企业最致命的地方。

一般企业最在乎的就是产品的质量问题，很少会注意到这些生产线的问题。

要想打造一个爆品，首先要做出有质感的产品，有质感的产品就是需要一条精简干练的生产线。

爆品关键是要做好产品的基础品质，因此生产产品的时候要求对每一个细节都得仔细斟酌。

做好的产品是一种态度，爆品不是一蹴而就的，时间久了自然就成了产品的硬件标准，进而成为黑马。所以企业不管是打造爆品，还是做平常产品，首先要做好自己的生产线，简练自己的生产线，做好需要的产品质量，这也就距离真正的爆品不远了。

企业精简生产线，其实对于生产产品也是一种优势，最直接的优势就是给企业减少生产资金，因为精简生产线也是为了增加产品的生产效率，节约生产时间。

产品成为爆品后，也需要大量生产，因此产品的生产线在这个时候是比较重要的。精简生产线给企业带来了直接的利益，也给后期消费者带来了便利，因为可以节省时间和提高生产效率。

打造爆品要学会死磕（细节为王）

细节到位，略施小计你就能大大地影响别人。

每个企业都想打造一个具有可持续性的爆品，但是往往得不到这么好的效果，于是企业的策划人就会寻找各种各样的方式方法。其实做爆品并没有所谓的捷径，终归还是要脚踏实地地做好产品的每一步，因为好的产品不是炒出来的，而是企业一步一步地琢磨研究出来的。

很多人觉得爆品好做，觉得淘宝上、微信上比较流行的一些东西就是爆品，其实这也是爆品，但它们是很容易被淘汰掉的爆品，只有认真做出来并为消费者所喜爱的产品，才是真正意义上的爆品。

首先，企业要根据这个时代发展的信息，判定什么样的产品才是适合未来消费者、被消费者所喜爱的。然后，再经过有原则的设计，继而推出产品，这才是一个爆品的正确打开方式，而不是一些三无商家跟风推出的产品。

关注电子产品的小伙伴们应该都知道，在2014年，小米手机迅速地火爆中国，这无疑让小米手机成为爆品手机，这跟“雷布斯”和小米手机的员工们是分不开的。小米手机的成功也不是一蹴而就的，其中的辛苦不言而喻。负责小米手机营销的黎万强说，小米手机能这么成功，全靠自己的死磕，当时没人负责小米手机的营销，没办法，“雷布斯”就让他硬着头皮上，他首先想到的就是参照凡客的经验，做了一个价值3000万的路牌广告，但是被“雷布斯”否定了，然后告诉他要做一个不花一分钱的产品营销。

这让那个时候的他很苦恼，只能硬撑着去想办法，后来小米手机就是在线上进行营销，这很符合现在的这个网络时代，因为已经进入3G时代，网络信息比较发达，人们已经离不开网络了，这让小米手机的营销非常成功。当然这只是小米手机成功的一部分原因，最主要的还是小米手机的质量，加上尊重消费者，注重细节极致的产品理念。

细节决定成败，但也不能一味地只注重产品的质量，还要符合现在社会人们的审美观。企业做产品不但要注重自身的质量，还要注意细节问题，一般知名的设计师都会十分注意产品的细节问题。衣服的剪裁走心，消费者就容易产生好感，继而就会竞相消费，因为现在的消费者大多都追求一些原创性的东西，很多衣服的细节都有很到位的设计。

企业做爆品还是老样子，首先产品的质量要过关，然后就是完美这个产品，细节处理到位的产品总会让人有好感，即使它不能迅速地成为爆品，它也会成为爆品的黑马，企业打造这样的产品相对的优势还是比较大的。

企业要做到极致产品就是要遵从创造初期的原则，不要把优势变成忧患，多注重产品的质量和细节，不要看着当前的优势而不去创新，这样就会被新的商家所替代。很多企业会因为一个爆品而一直不去创新，这样不注重细节，再优质的产品也会被淘汰，注重产品的细节不是单纯地对产品进行细节处理，而是对产品的创新。

企业打造爆品就是对产品的一个肯定，对产品的肯定就是对自己的产品负责，做好产品的质量，优化产品的细节，爆品不一定会一直地火爆下去，但它始终是一个品牌的动力。企业只有不断地提升自己产品的质量，优化自己的产品细节，才能拉近自己与顾客之间的距离，加强与顾客之间的信任，企业不断地努力打造消费者需要的产品，制造出一个与消费者最接近的完美产品。

坚持不懈地创新加上注重产品的细节问题，这样的企业就是在创造爆品黑马。企业打造爆品要与时俱进，不要一直按照旧的思维模式去打造产品，大胆的创新加上细节的优化，即使这个产品不是爆品的主打，也会是一个具有持续性的优质产品，所以企业要多思考产品的时代性，不要着急于一时的产品性能，要多考虑消费者的需求和时代的发展。

现在很多的创业者都会鼓励自己说：“细节决定成败。”这句话也是有依据的，现在的消费者不再单纯地享受产品的质量，更多的是享受产品带给消费者的精致，这个时候就要给消费者展现产品的细节了。很多有名的爆品在开始的时候，也是很普通的，消费者使用之后觉得细节处理得很好，解决了同类产品的自身问题。

很多国内消费者去疯抢日本的马桶，其中最大的原因，就是日本的马桶细节处理得非常好，符合国人的消费标准，其实松下并没有想到自己的产品会被疯抢，因为他觉得处理好产品的细节问题是企业应该做的，不需要去刻意体现。

企业处理好产品的细节，前期的产品可能并不会很火爆，但是后期的产品一定会被消费者认可。产品的创新就是在不断地完善产品的细节问题，当然，企业打造爆品并不是说只需要产品的细节做到位了就可以了。

企业开始的产品细节问题是一定要注意的，后期的产品宣传也需要企业多完善，发布一个产品，想要吸引眼球，或者说是让其在同类产品中更具有优势，必要的小动作还是要有的，这就需要企业多注意一些细节。

做好“第一眼品质”（品质视觉化）

一个企业打造爆品主要还是看产品的品质，就像当下人们总说这是一个看脸的时代一样，好的产品形象也会首先吸引到消费者的眼球。而这个第一眼看到的产品不光是外形还有品质，一个产品品质的好坏是可以一眼看出来的。

品质是指产品内在的东西，是企业产品具有的科技含量，也可以说，是产品可以接受质量标准的衡量和评测。品质就是一个企业的综合力，打造爆品就是满足消费者的完美要求，具体而言就是产品所具备的一种或者几种特性达到了消费者的满意程度。

企业在注重品质的时候就必须接受质量标准的评测和衡量，不断地提升产品的内在品质。所以说，制造产品的良好品质仅仅依靠制造能力是绝对不可能实现的，还要考虑现在的消费者注重的产品内涵。

品质视觉就是给消费者一个良好的外观形象，产品的外观有给消费者暗示的效果，因此企业要尽量地使产品的外观给顾客一个好印象。产品的细节问题其中之一就是能给消费者带来深刻的印象，有的人可能会说产品新上市会和其他的企业产品一样，但是企业修饰好的细节会给消费者留下设计比较人性化、符合自己的消费理念的印象。

除了产品的本身质量，还有就是产品的外包装，这就好像人一样，你把自己收拾得美美的出门约会，成功概率会比一些不注重自身外观形象的人高很多。研究表明，穿着打扮是影响第一印象好坏的主要因素，其实想一下也对，一个人如果连穿着都不能注意，怎么能获得别人的尊重呢？

或许有些人觉得这是不拘小节，觉得凭借自己高学历的专业知识可以让对方折服，比如男女之间约会该重视的地方就不光在这里，虽说不该以貌取人，但事实上第一次约会的时候往往感性的因素左右着理性的因素。现在的社会是这么现实，更别提要消费者花钱消费了，首先我要喜欢这个产品，我才愿意为它花钱，所以第一印象真的很重要。企业要打造爆品，要注意外观的设计，在产品的设计上多下功夫。

产品的设计要符合现在社会的发展，现在社会发展这么快，消费者的审美也在改变，五彩斑斓的产品已经不再是产品标新立异的唯一方法了。现在的消费者不光注重产品的内在品质，还会在意产品的外在细节，企业在做产品的时候，要选择富有创造性的产品，产品的创新一直都要在。现在很多企业都在不断地改进自己的产品，提升自己产品以符合消费者的要求。

可能你的产品不能满足所有消费者的要求，但是当消费者看到你的产品的时候，可以从产品中看到企业对产品认真的态度，这就是产品的内在品质。你要让消费者在看到产品第一眼的时候就觉得这个产品的质感很好，符合现在很多年轻人或者是老人及孩子的需求，这才会让消费者有消费的冲动。

注重产品的品质，是一个企业应该一直坚守的原则，当然还要根据社会的发展以及消费者的思想水平，不能产品刚设计出来，这个产品的潮流就已经结束了。所谓给消费者一个品质感就是给消费者一种对产品严谨的态度，有很多消费者会有这样的一种观念，我消费的不是产品而是对企业产品的态度。

简单点说，为什么很多女性都对口红情有独钟？提到口红就不得不说一下纪梵希小羊皮，我相信很多女性对此不会陌生，很多男生也应该懂得，这算是口红里面的爆品吧，火了多年。就以这个小羊皮为例，给大家介绍一下什么是所谓的品质视觉化吧。

在化妆品口红界，爆品一直层出不绝，但是小羊皮能一直火到现在，肯定有它的独特之处。一般高贵一点的口红就是外包装比较华丽一点，设计比较独特一点，但是经常更换包装，只有小羊皮是一直外面包裹着一层羊皮，这给消费者的第一印象就是独特，拿到手里面就会觉得这个触感真的很好。

为什么叫小羊皮，就是因为小嫩羊皮的手感要比老羊皮的手感好，继而就一直选用了小羊皮。先不说小羊皮的口红效果如何，这个也是因人而异的，但是纪梵希一直很注重产品的外在品质，这也为它圈了无数的粉丝，使得每一年的小羊皮销量都遥遥领先于其他同类产品。

这就是纪梵希的设计理念，注重产品的每一个细节，给消费者一种雍容华贵的感觉，这就大大满足了现在的消费者。产品的成功总会吸引来无数的模仿者，但是小羊皮独特的外观设计，还有内部的专有LOGO设计，让很多的模仿者都以失败告终，这就是强者的力量。

企业要想做爆品，不仅质量要做好，还要把握产品的细节，注重产品的内涵。现在消费者的口味可以说越来越难以捉摸，所以在设计产品的时候，还是要多了解一下消费者的内心需求，其次，要在乎产品的内在质量以及外在形象。

用心做好产品是原则，在当下还要用心地选择产品的外包装，不能让产品的包装降低了产品的内在品质。吸引人的外包装往往也是一种好的营销手段，这就是产品自带的营销效果，消费者也总是喜欢吸引人的产品。

能博得消费者眼球的，就是产品的外在品质。作为一个消费者，第一眼看上的产品必定想要消费，因为看到这个产品的时候，就觉得这个世界上没有比这个更适合自己的了。所以企业给消费者打造一个完美的第一眼，肯定会吸引更多的消费者，这就需要企业对产品的外包装进行不断的创新。

除了产品的内在品质以及产品形象，企业还要注意到产品的创新性。具有创新性的东西总是会吸引到消费者。而且不管哪个消费者都想见到一个相对有兴趣的产品，所以企业不仅要打造好产品的内在，后期的产品营销也很重要，也是需要创新的，这样才能更大程度上吸引消费者。

爆品设计，一定要注重相对高性价比

所谓的性价比就是产品性能与价格之间的比例关系，消费者在选择产品的时候会选择性价比较高的进行购买，简单地说，就是产品的性价比应该建立在同一的性能基础之上。也就是说，如果没有产品之间的性能比较，产品就没有比较的性价比了。

企业在考虑爆品的时候，首先要考虑产品的市场化，其次就是产品在市场中的性价比。消费者最终都会选择高性价比的产品，这就是爆品在设计的时候要注重性价比的原因，不光要考虑到消费者的审美观点，还要注重产品的内在设计。很多企业的产品都是在相比较之下被新的产品比下去的。用一句话总结就是，没有对比就没有伤害。

现在企业打造爆品不能一味地注重产品的噱头，因为现在的消费者都开始注重性价比了。在这个同质化产品满天飞的情况下，更多的消费者都选择了理性消费。可能你还是不太明白关于性价比如何选择，那就说一个身边都有的例子吧。现在社会经济发展飞速，轿车已经普及了，身边的朋友基本上都开始考虑买车了。

买哪款车？这就成了朋友之间交流最多的内容，最后大家一致认为，还是日系的车比较符合现代人的选择。为什么他们在能力范围之内会选择日系车呢？这就是他们认为日系车的性价比相比国产车的更高，也符合自身的消费水平，这不是爱国不爱国的问题，这单单是考虑性价比的问题。

前一段时间，有人发布了一个关于选择日系车和国产车的投票活动，就是价格同为12万，你会选择国产还是日系的？结果显示：有1739人选择国产车，而有2700人选择了日系车，其实这个结果是预料之中的。这就告诉了企业产品的性价比和口碑是多么的重要，日系车稳定、耐开、省油，赢得了这个市场。其实这不光是口碑问题，因为好的产品在不断地延伸下去的时候，自然就形成了好口碑，高性价比的东西决定了产品能否长久坚

持下去，也是会不会成为爆品的重要原因。

其实在消费市场中，顾客们说质量好，价格相对适中，和市场的同类产品比较质量更好，才能说明这个产品是性价比高的产品。性价比就是建立在消费者对产品性能要求的基础上，也就是说先满足产品的基本要求，然后才定产品的价格。由于性价比是一个比例关系，当然具体问题还是要具体分析，企业打造爆品真的就是一个非常严谨的过程。

企业在设计爆品的时候，首先要调查好市场的需求和消费者的需求，这样才能对产品进行定位；其次就是企业自身的设计问题，一定要找一个相对有质感的产品。产品的质量达到了一定的要求，才会让产品在市场上有更大的发挥，现在的消费者会根据自身的需求去购买一些比较优质的产品，这就是为什么现在的爆品要做到极致完美。在消费者需要的时候给消费者一个接近完美的产品，因为同类产品的市场竞争比较大，所以企业首先要注意产品的性价比。这样，产品的市场性价比才会比较高，才能减少后期的产品竞争，从而增加企业的收益。

除了产品自身做过硬以外，消费者也重视产品的后期服务。现在很多企业在爆品上市的时候，不在意产品的后期服务，这对于消费者简直就是一种欺骗，而且这种行为的发生对企业的产品影响很大。这种行为一旦出现，对企业的形象有很大的影响，当消费者评价产品时，整体的性价比就会降低。

高性价比的东西不单单指产品的质量，而是指产品的综合能力。比如产品最基础的质量问题以及产品后期的使用和产品的服务等一系列的问题，这样企业之间的差距就产生了，企业给消费者的体验也就产生了差异。

|第八章|爆品应该如何定价

免费，最容易引爆的关键词

免费的东西对于消费者来说都是欣喜的，暂且不说免费的东西好坏，最起码让消费者比较开心，以后就可能会消费产品了。

近几年来，淘宝购物已经家喻户晓了，但是竞争也比较大，很多淘宝卖家就想着要不要做一些爆品来提升店铺的搜索量，以提高店铺的人气，促进产品的销量，这也是引爆爆品的秘诀。

但是话说回来，产品的竞争这么激烈，同类产品这么多，真的是让人头痛。于是很多淘宝卖家就开始想各种方法让消费者开心，有一些比较聪明的卖家通过了解买家心理，于是在买家的包裹里面放置一些便宜的小饰品之类的东西，收到了意想不到的效果，买家的反馈非常好，这个店铺的搜索量直线上升，后来销量遥遥领先于别的店铺。

虽然赠送的小礼物不值钱，但是顾客收到小礼物很开心，自然就会给你好评，下次还会光顾你的店铺，这样就会成就爆品，因为免费的东西大家都喜欢，这样在无形之中就会给产品带来营销，也在无形之中成就了爆品。

超市里经常有一些让顾客试吃的产品，因为是免费的，所以会有很多的消费者前去试吃，其实他们并没有打算买这个产品，但是因为试吃的效果比较好，所以就产生了购买的欲望。这就是一种营销手段，很多的超市里面都会有这种活动，总会有很多人购买，因为免费这个词语真的很吸引人，所以也会引爆一些产品成为爆品。

现在一个产品在市场上有很多同类产品，但是还是会有产品出类拔萃，成为爆品，这首先说明产品的品质过关，其次就是产品的营销模式也造就了爆品。其实做好这两件事情基本上就可以让产品成为爆品，特别是现在电器行业基本上已经饱和了，所以商家为了突出自己的产品会做出很多的营销行为吸引消费者。

就像现在每家每户都会使用的电热水器和煤气灶，这简直就是每个家庭住户的必备产品。消费者应该都知道电热水器维修真的是让人很头痛的问题，冬天没有热水，这在北方简直就是一种折磨，我家的热水器每年都会出现一些大大小小的问题，每次让维修师傅上门都有一种求他的感觉，这明明是他们的义务，但是他们总是会挑三拣四，拖延上门，让人着急。

今年我想给奶奶家购买一台热水器，毕竟奶奶年龄大了，天气太冷没有热水不方便，去商场里选购，每个商家的说辞都是大同小异，意思就是地方太远了，需要支付路程费。还有就是保修半年，这样真的让我很头痛，没有合适的产品我就想回家再说吧，但是在我离开的时候，看到一个小商店的门口聚集了很多的人，商家一直在广播免费领取精美礼券，很多大爷大妈都在抢着领取，店里还有很多顾客，我好奇地领了一张，原来是免费上门安装维修，质保三年的热水器之类的产品。我就找导购员了解了一下，他就和我说现在领取免费的维修券，就是预防冬天出现各种问题，都会上门安装维修，这样就方便了顾客消费。

我在付款的时候一个阿姨和我说，这家的产品一直很火爆，特别是每年发放的免费券对家庭生活很实用，所以每天都有很多的消费者来消费。其实，这样的商家才是聪明的商家，通过简单地发放免费券，很简单地就吸引到了顾客，可以在每个季节都打造出爆品，这就是前期免费礼券的发放达到了后期爆品的营销，这是比较实用的免费礼物。

免费的东西都会引起人们的疯抢，就像每年的寺庙里都会有很多人去疯抢福粥，不单单是因为它具有好的寓意，更多是因为它是免费的。如果这个福粥一碗需要200元，我想应该就不会被疯抢了。

现在随着社会的发展和人们思想的进步，对物质有了更多的要求，一些单纯的产品营销已经不会引起消费者的兴趣了，还是一些比较符合消费者生活观的产品能吸引到顾客，所以企业生产产品要符合消费者的思想潮流，因为免费的东西也是需要一些质感并符合顾客需要才容易引爆产品。

现在免费的产品是很容易吸引到消费者的，当然企业不可能说把爆品的产品给消费者免费，所以，企业可以选择一些小一点的产品免费送给消费者，这样可以很大程度上吸引消费者进行消费。简单地说，企业就是通过放大关于产品免费的广告来吸引消费者，这很大程度上可以引爆产品。

价格低不代表就能吸引人

商品的价格并不是一成不变的，在不同的营销环境下，在产品生命周期以及企业发展的不同阶段，价格也是可以灵活变化的。现在企业的产品定位与定价有很大的关系。所谓产品的定价，就是把产品、服务的价格定在一个什么水平之上，这也是企业产品的竞争力。

消费者对产品价格的接受决定着市场需求量，一般来说，品质好的其价格也高，企业生产高质量的产品就是给消费者一种高的生活品质、高尚的生活形态。

现在是互联网时代，很多企业通过消费者的数据找到精准的消费群体，这就是利用了网络时代的优势，分析数据统计就可以确定产品的适合人群，这样有利于产品的统计销售，继而就是爆品的产品统计。

现在很多消费者都知道通过产品价格的高低可以看出一个产品质量的好坏，消费者都明白一个道理，那就是便宜无好货，其实，这也不能一概而论，还是要根据产品的质量进行讨论，价格只是产品成就爆品的一个重要因素。

现在的购物平台很多，很多都是以低价来吸引顾客，但是消费者购买几次后就知道了产品有很多质量问题，就不再去消费，时间久了，消费者自然就会对卖家失去信任，这也是低价格的产品吸引不到大部分消费者的原因，因为卖家的售价是不会低于产品的售价的，由此就可以知道产品的质量决定着产品的价格，所以说在这个社会，低价格不代表就一定能吸引人。很多低价格的产品开始会吸引到消费者，但是不会长期持续地制造出爆品。所以首先价格要稳定，这才是企业的根本。

企业在推出产品的时候，要分析消费者的消费心理。随着人们生活水平的上升，对产品的需求也上升了，所以企业在产品上市的时候还要考虑好产品的销售对象，客户群不同，价格也是不同的，应先定位好产品的消费人群再进行定价。

现在的手机品牌可谓五花八门，但是爆品手机还是一直都有，原因就是消费群体不一样，这样才造就了不同的爆品手机。

小米手机的广告词是：小米，为发烧而生。因为小米手机的目标消费群就是一群热血少年，就是为年轻人提供的，所以定价也比较适合现在的年轻人。要知道，现在的华为已经走出国门，面向世界了，自然也就是人们经常提及的通信产品了。华为手机是比较商务化的手机，比较符合现在忙忙碌碌的商业化人士，因此华为的定价稍微高一点，但是商务化的系统还是赢得了很多人的喜欢，所以华为成为商务化的手机爆品是意料之中的，价格也比较符合产品的设计理念。

根据产品的不同定位和不同性能来确定产品的价格是比较完美的，这样，不同的消费群体就会根据自己的消费水平选择适合自己的产品，所以才会有一个产品会出现很多不同的爆品，就是因为产品的定位不同，吸引了不同的消费者。

数据统计可以很好地帮助企业找到产品的销售方向，因为现代社会的互联网已经普及了，就像中国这么大一个地方，总会有地域之类的差别，就是不同的区域对于各种产品的喜爱也是不一样的，这样就可以研究统计客户群的地域喜爱程度和人群占比，分析出自己的产品所占的地域优势，然后企业对产品喜好度高的地区投放产品，这样在无形之中就形成了免费的引流。

还有就是根据年龄来确定产品的投放地区，这样就能吸引需要的消费者进行购买，这也是很多的数据统计的优势，认准精准客户群，这样就比较有利于产品的销售，流量多了自然而然就容易成为爆品。所以说价格低的产品并不一定能吸引到很多消费者，还是要根据消费者的需求，找到一些精准客户。

企业在销售产品的时候，要根据产品优势还有顾客的需求来决定产品的投放，还有产品的价格和品质是成正比的，真正优质的产品肯定是不菲的，因为优质的产品是不可以用价格来衡量的。

现在很多企业会投机取巧，以为拉低产品的价格就会使产品成为爆品，这样就会缩减产品的原材料，往往这样的企业只会砸了自己的招牌，而不会成就爆品。这样只会引起消费市场的价格混乱，并不能打造出爆品，所以企业不要以为所有的低价产品都可以成为爆品。

关注用户的“价格弹性”很重要

企业选择产品的时候一定要调查好消费者的需求，这是为了产品可以找到更加准确的消费群体，关注用户的价格弹性，对于企业的产品销售是很有利的，著名经济学家高鸿业在《高鸿业西方经济学》一书中的微观部分介绍了所谓的价格弹性，就是需求量对价格的弹性，指某一产品价格变动时，该产品需求量相应变动的灵敏度。而价格弹性分析，就是应用弹性原理，就产品需求量对价格变动的反应程度进行分析、计算、预测、决策。

价格弹性其实就是价格和市场的关系，价格的变动会引起市场的需求发生改变，产品的替代品的价格也会发生改变，这就是需求的价格弹簧。价格弹簧的因素不变，产品本身的价格发生了改变。价格弹簧的弹性变化主要取决于产品的替代品和替代品的数量。企业的经济决策主要取决于产品的价格弹性，价格弹性就是反映市场的商品价格和市场的消费，简单地说，就好比弹性消费人群，就是超市里面的东西价格下降了一点点，就会有大批人跑到超市购买打折的东西，这就是弹性人群，价格弹性也是同样的道理。

对于企业来说，一定要了解市场产品的价格弹性，这样有利于提升产品促销打折时的收益，也有利于商品的定价，最起码可以考虑到产品在降价过程中会产生多大的损失。总的来说，产品发生价格弹性的因素有很多，主要有以下几方面：

产品替代品的差异很小，高度相似，这些产品缺乏自身的产品特点，所以很容易被定义为产品的促销替代品，这样在促销的时候就具有很高的价格弹性。

产品的购买频率比较高，价格比较透明，这样的产品很容易和别的产品进行比较，一般的消费者都有很强的价格意识，所以就会造成很明显的价格差异。

消费者对日用品的购买是比较频繁的，所以要保证这些产品的质量。

如果消费者有很强的产品意识，那么在选择产品的时候就会很理智，也不会因为产品搞大促销就冲动购买；如果消费者对产品不是很了解，那么消费者对产品的信任度就不是很高，偶尔进行的产品特价就会造成产品的弹性幅度比较大。相反，对于一些具有较高认知度的产品，消费者购买的弹性就比较稳定。

企业对于产品的价格弹性进行了解，不但对产品的定价有很大的帮助，同时对于增强产品在同一类别中的优势帮助也很大，而且对产品的定位比较准确，也增强了企业产品的竞争力。

消费者对于价格弹性的变化不会有太大的关注，那么如何才能确定消费者发生了价格弹性呢?

现在哪些人会关注哪个超市打折了、哪个超市促销了？大多都是爷爷奶奶和家庭主妇。其实他们去超市，是为了购买一些生活必需品，但是超市每天都会有一些商品进行打折促销，商品促销的时候会吸引到很多的消费者，可能就是因为商品的打折促销，导致他们改变自己原来的计划，比如说超市里面经常搞一些蔬菜水果的促销活动，几乎每一个超市购物的人都会买一些回家。

于是我们看到很多人放弃了最先选择的商品，选择了打折促销的商品。这就是很典型的消费者发生了价格弹簧，因为蔬菜水果的替代品有很多，而且数量比较多，所以替代品就代替了主要产品。很多超市都会采用这样的办法来吸引消费者，这样就使很多的消费者购买了打折促销的产品，这就是消费者的价格弹性，一般的消费者不会想到自己这些小小的举动会给市场带来很大的变化。

测试用户的价格弹性其实很简单，就比如你家今天没有做米饭，你妈妈让你去超市买一些饼回来，你到了超市，发现饼还没有做好，而馒头刚刚做好，而且还有打折，这个时候90%的人都会选择馒头，这就是产品的替代品。而且馒头也可以作为主食，并不影响食用效果，这就很简单地测试了用户的价格弹性问题，就是相对的替代品，而且产品的使用效果并不会带来什么影响。

随着人们收入水平的上升，一些高质量产品的价格上涨不会给产品带来多大的弹性变化，相反一些价格相对不是很高的产品，比如一些简单的生活必需品的价格上涨反而会给产品带来大的波动，销售量可能会变少，因为替代品比较多，购买原来产品的就减少了，这样就会造成产品的价格波动比较大。

相对来说，一些奢侈品价格的变化对价格的波动不是很大，因为并不是每天都有消费者需求，它也不是生活的必需品。一般在经济萧条的时候，消费者的收入减少，购买产品的数量也会减少，所以这样产品的需求量和价格不会发生太大变化。

定价只需要考虑两个因素

企业在做产品上市的时候，不光要考虑好产品自身的质量问题和消费者在消费市场中的消费思路，还要核算好产品的成本，继而判断出产品的定价高或低，当然也要考虑消费者在这个市场中能接受的价格，企业做爆品要注重产品的价格问题，因为消费者普遍会注重产品的价格。

企业生产产品的时候就要对产品的有效成本进行分析，这决定了产品在市场中能否成功地成为爆品。因为很多不完善的成本统计，会让企业的产品失去市场活力，所以企业要建立合理的成本规划，控制和计算好产品的成本。一旦操作不当，产品上市就会导致产品的价格失误，时间久了就会陷入越卖越亏的圈子之中。

企业提前计算好产品的成本价格，这样就可以清楚地掌握产品的盈利情况以及产品的销售方向，产品的成本计算要符合产品自身的市场定位，观察市场上同类产品的价格，有利于对产品价格的确定。另外还要根据企业对产品自身的要求，以及消费者对产品的基本需求等给产品一个好的定位，从而计算好产品的成本价格以及市场价格，这样就可以提前确立产品的市场地位。

具体就是企业要计算好产品的原材料以及加工费用，成本就是生产产品时消耗的人力、物力、财力，要做准确的计算，接下来企业再计算好产品在前期所消耗的财力，这是一个产品最基本的成本。产品的成本要计算精确，它是判断一个企业亏损盈利的依据。企业根据产品的计算成本可以看到企业的发展，可以看到企业的决策如何，这就是企业的决策依据。

企业的成本估算，其实也是一个企业的综合反应，它可以反映企业在市场的占有率，还可以估算企业的业绩。成本可以反映企业的经济活动，是衡量企业生产经营管理的综合指标，也反映了劳动者生产效率的高低，所以企业要准确地估算成本。产品在价格不变的情况下降低成本，企业的利润就提高了，经济效益就增加了。

产品如何定价，企业才会满意呢？有人说产品定价的原则就是客户能接受的最高价，但是很多企业又不知道顾客能接受的最高是多少。

一般产品定价的最高原则都是根据顾客能够接受的价格和顾客愿不愿意去接受你这个产品的定价，不是根据自己的成本来自由地选择一个价格，企业要去了解消费者对自己产品价格的敏感度，以及接受最高价格的程度。

如何让顾客接受最高的价格？首先企业不确定什么价位才是消费者可以接受的价格，所以企业可以通过设定不同的价格去试探消费者的接受能力，总会有一个可以让顾客满意，这样企业就可以确定产品的最高价格了。

企业在销售产品的时候要研究好产品在市场和消费者之中占有多大的比例，这样就会知道消费者为何不接受产品的价格了，可以根据消费者需要的产品服务定价，这是一个双赢的定位，企业抛出一个价格，消费者接受了，这样就是共赢。

现在市场上产品种类过于繁多，所以企业只能打价格战，导致市场价格混乱，很难让消费者花高价购买产品，进而就会选择一些品牌性的产品进行消费，所以企业很难做好产品最高价格的统计。

企业要找到比较正规的产品进行比较，现在的市场产品价格混乱，而很多消费者因为贪小便宜会选择一些便宜的产品进行购买，一些企业便利用消费者的这些心理因素，做出不合格的产品，这会让企业陷入一个价格混乱的情况之中，所以企业确定价格的时候要调查消费者消费的情况。这是一些贪图便宜的消费者的消费观，而理性的消费者知道产品的价格和产品的质量成正比，也理解企业的高位定价，这就是依赖于企业对市场的调查。

企业让消费者接受高价格的产品定位，也要与同类产品的价格进行对照。企业要准确地找到消费者对产品最高价格的接受度，但产品乱价会让企业对产品的定位不准确，企业产品的服务也是一个高定价的理论，服务程度也决定了产品的价格度，随着人们经济实力的增加，对于产品的需求也在提高。

人们对服务的需求也在变强，所以产品对于消费者的服务也是一个定价的指标，企业综合这些条件和问题做出的最高价格，一般的消费者是可以接受的，这样的价格在市场上也是比较稳定的，消费者能接受的最高价格决定了产品的市场层次，这样企业做出来的爆品就有了一定的稳定性。

确定价格，需要分五步走

企业打造爆品，首先要知道消费者对于产品的价格是敏感的，所以确立好产品的价格是很重要的一个环节。那么企业在选定价格的时候需要注意哪些问题呢？企业确定价格大致要分五步走，下面我们就来分析一下市场、产品与消费者之间的价格问题。

一个产品在偌大的市场里会不会成为爆品，价格是很重要的一步，消费者对价格的敏感度比对产品的品质要求更高，这是直接关系到产品是否能成为爆品的重要因素，企业对产品定价，需要分五步走：

（1）企业确定定价目标

企业在制定产品的时候首先要有一个定价目标，就是把产品定位在一个什么样的端位；其次要考虑到产品的市场竞争力，这个要从产品的原材料准备到生产完需要花费多少，以及产品上市之后的整体价格利润是多少综合考虑，这对产品的后期确定价格是非常有利的。前期的价格数据就是综合地考虑到了产品的基本价格，初步的定价目标数据计算出来了，再考虑提升市场的份额，增长速度，降低产品的推广成本，达到目标利润，这些都有利于后期的产品销售。

（2）确定消费者需求

在对产品初步定价之后就要开始对消费者的需求进行仔细分析，这关系到产品的发展目标，跟产品是否成功也有很大的关系。因为不管企业的价格定位是多少，没有消费者的需求，就不能给产品带来市场收益，再者，产品的定价就是为了符合消费者的消费需求，因为消费者在购买时会对产品进行性价比比较。

消费者的需求首先就是对产品的价格比较敏感，因为消费者需要该产品的时候是会对产品进行对比的，有同类产品的对比，有代替品的对比，所以企业在考虑消费者需求的时候，要全面深入地了解消费者的消费观，衡量不同消费者对于不同产品的价格差异敏感度。企业要根据价格弹性考虑消费者对产品的长久需求。确立消费者对这个产品的需求有多大，还有需求的时间，这样就给企业带来了很好的数据分析，使产品的定价可以初步确定。

市场上同类产品有很多，为什么这么多产品并没有太多的爆品？其主要原因是企业没有定位好消费者的需求。消费者的需求才是企业打造爆品的最终需求。所以企业在推出产品之前，做好市场调查是必需的。

（3）企业成本分析

企业确定了产品的目标和需求之后，就要开始对产品的基本成本进行分析，企业的成本计算对后期的产品定价比较有利，后期产品的收益也可以估算出来，企业要做好消费者对产品需求的分析，根据消费者对产品的需求度以及消费者对价格的敏感度，推算一下产品的初步价格，是否是企业和消费者都能接受的价格。

产品的成本估算就是根据产品原材料的固定成本，还有劳动者的变动成本，再计算一下产品的总价格，根据市场调查的价格弹簧计算好亏损盈利的平衡点，并且根据不同的价格分析产品的成本，这样企业就可以进行利益的估算和确定，企业在这个时候就要计算产品的销售目标和产品的目标利润了。

产品的成本估算可以说是一个产品的开始，没有成本的计算，就不会有产品的后期制造数据，这样就不能给产品一个准确的市场定位。产品后期的销售没有准确的定位，就会导致企业没有目标。

（4）分析竞争产品成本和价格

企业考虑好自己的产品价格之后，就要考虑一下竞争产品的价格，这样有利于产品的定位准确，知己知彼方能百战不殆。

销售市场的明确，企业要了解竞争产品的成本和价格，分析竞争产品的市场定位，这样就避免了和自己的产品定位有冲突，还要了解竞争产品的价格变化趋势，以及竞争产品的成本分析，进而对自己产品的成本进行分析，这样就可以避免自己的产品价格误区，这些都需要企业做数据统计。

统计的途径就是市场的反馈信息、市场的调查信息，还有就是商场研究的公司信息，通过企业的数据统计分析，有利于对竞争产品的基础信息进行统计，以及对比自己的企业制造成本。

通过分析竞争者的成本数据，企业就可以避免一些不当使用，还可以对自己的产品市场回报率大概在多少，产品大体的市场走向和利润的回收等进行基本定位。

（5）选择定价方法

企业通过对产品以上数据的收集、分析、整理，就可以测算出产品的最佳需求价格弹性，之后对产品也会有一个比较准确的定位。为了验证这个产品数据的实用性，企业还是需要做市场调查来确定最后的产品数据的正确率，进一步地进行数据实用性的分析，企业通过调查数据，去掉一个比较贵的和一个比较便宜的，这样就可以确定消费者可以接受的平均价格是多少。

当然了，企业在调查市场数据的时候，要根据市场和消费者的需求进一步对产品的价格数据进行修改，针对产品的投放人群对产品的价格进行调整，通过统计数据的分析，最后可以计算出产品的调价方案和消费者可以接受的最高价格，并且计算出平均值，这就是产品的最终方案。

以上数据分析完毕，企业可以根据不同的产品需求，对产品的需求定价，基本上就可以确立产品的定价或者消费者可以接受的价格，当然了这些只是初步的产品数据确定。

这些数据分析就是企业在打造产品的时候对产品最基本的分析和整理，当然，最终的产品定价，还是要根据企业在产品上市时的市场需求以及企业的发展趋势和市场战略而定。

产品的价格可以说在销售之中占据了很重要的位置，消费者选择商品的时候，首先选择的就是产品的价格，所以企业对于产品的定价，一定要慎重，产品会不会成为爆品，很大程度上是受到价格的影响。

|第九章|你的产品，应该怎么销售

“销售渠道”有长有宽

企业做爆品，除去产品本身的质量问题，还有就是产品的销售问题，这是很重要的问题。销售途径决定产品的市场地位，销售渠道就是指企业的产品向消费者移动的过程。简单地说，就是企业把产品从生产过程变成了使用过程。

企业销售渠道就是产品由原材料到生产，通过市场到消费者手中使用的过程，销售渠道的起点是生产者，终点是用户，中间的环节就是各种销售渠道，如批发、零售、产品服务机构。销售渠道就代表了这个产品的流量多少，对产品的影响很大。试想一下，企业做了一个很完美的产品，但是销售不出去，很多消费者都不知道这个产品的存在，那么这个产品就不会达到好的销售量，所以一个好的销售渠道可以让产品的销售更加持续稳定。

那么如何确定企业的销售是要长久还是要拓宽渠道呢？这个要看企

业和消费者对产品的定位和需求。企业首先对产品的销售要有规划，布局要有序，当然不能全面铺开，因为开始谁都不知道产品的最终销售方向在哪里。

所以先要解决重点区域，同一个区域渠道要有良性的竞争和长期的市场。没有利益的销售渠道再怎么牛也不会有人去做，因为完全不赚钱。企业打造爆品的目的就是为了赚钱，如果不赚钱，即使产品再好也不会有商家去做。企业的销售渠道要秩序管理，就是说从原材料市场开始就要给产品找准定位，这是一个比较长的销售渠道，因为产品的成型是一个比较漫长的过程，因此就要给消费者一个比较满意的产品。

要符合销售者的消费理念，这个过程就是产品带有目的性的过程，因为企业已经做好了前期的产品调查，就等着产品上市之后根据前期制订的销售计划一步一步地走好，而企业在选择销售的道路时已经和消费者有过互动了。

这还代表了企业基本上定位了产品在市场的走向，这是一个比较长的销售途径，因为企业在初期生产产品的时候就已经给产品做好了后期的一系列销售路径，只要产品跟着企业的宣传力度走，就会收到预期的一些数据，这就是产品的生产销售渠道的一种前期定位，也是产品比较稳定的销售途径。

前期消费者已经收到了企业在市场上传递的产品信息，而消费者也接收到了这个产品的信息，这就说明了产品的销售渠道比较稳定，产品的爆品也是根据企业的知名度和销售的力度来决定的，这样就很容易成就爆品。

当然，销售渠道也不止这一种，还有企业因为前期的知名度不是那么高，就会选择拓宽自己的产品渠道，根据产品自身的优势去创造一个更宽阔的销售渠道，可能不会有预期的销售数据，但是可以凭借产品的团队优势以及销售规模而顺利地进入市场成为爆品，这种产品一般都被称为黑马产品。这样的企业后期的爆发力是很强的，所以企业在做销售的时候要拓宽自己的团队，把销售渠道变得更加宽阔。因为自己再厉害也是一个单兵英雄，企业对待产品要像对待员工一样，以身作则是企业唯一的方法。

具体就是企业在拓宽团队的时候需要选对人，成为爆品的背后需要一个用心的团队，好的团队会为你打好天下，企业在做前期工作的时候，员工就会为你做好下一步的销售，人多力量大，当然也要进一步的求精，团队的力量就在于比较集中。如果不是前期做好了策划，后期的努力就是成就爆品的唯一方法了，这就需要团队来拓宽销售的渠道。选择好员工是很重要的，企业刚刚生产了一个产品，很多后期的事情是无从下手的，这时候就需要员工的努力了，从收集资料到产品分析和调查市场，通过这些数据来确定产品的具体方向和销售人群，这样就不会让企业陷入比较固化的思路，团队可以帮你去创造一个更完美的市场销售渠道。

产品的销售方式取决于团队成员的思维方式，要以消费者的思维去改变产品的销售渠道，改变原来固有的销售手段，比如采用更新奇的销售方式会更吸引消费者前来消费，团队的力量就在于可以根据产品的特点建立起相应的符合产品的渠道。

长期的营销方案大多都是从个体的企业角度来分析销售的种种问题，而团队主要集中在独立地建立渠道和管理渠道的具体技术指导层面，这就是一种新型的销售渠道，告别了固化的销售模式，这就是优势，有创意的销售渠道和模式总是会吸引到消费者，这也是企业打造爆品的重要过程。

企业产品的发展不管采用什么样的销售途径，都是为了产品能更好地服务于消费者，给消费者一个完美的产品展示。这样就可以营造一个好的企业形象，销售途径就是一个将产品推向市场的过程，主要就是让消费者了解产品，建立起企业与消费者之间的诚信度，爆品自然就促成了。虽然销售的方法不一，效果也不同，但是每一个销售途径都值得用心去做。

你的产品，决定你的销售方式

企业打造爆品，要根据产品自身的性质进行分类打造，产品不同，营销的模式也不同。当然企业想要吸引眼球，让自己的产品传至街头巷尾，广告是必不可少的，企业要根据产品自身的性质选择一种合适的销售模式，这样既有利于企业产品的销售，也有利于消费者进行选择。

产品具体该如何销售，采用什么样的广告方式才能凸显产品的优势呢？企业想要自己的产品吸引消费者的眼球，首先要熟悉自己的产品，然后再选择一个相对熟知的销售方式。企业了解自己的产品也是一种优势。

不得不说很多爆品的成功就是因为企业的销售方式比较成功，很多的产品能够成为爆品与企业为其量身定做的销售渠道有很大关系。不同的产品要有不同的销售途径，像一些生活必需品的销售就要走得低端一点——口碑营销。生活用品是每个人都需要的，所谓“酒香不怕巷子深”，虽然没有广告宣传，但是通过人与人之间的口口相传，就会让产品在同一个商场里面获得比较好的口碑。

这说起来有点像企业找的“产品托”，但是这并不影响企业产品的推广，就像超市里面搞打折或者买赠之类的活动，这样就会吸引更多的消费者去购买，继而告诉亲戚、朋友、邻居，让亲戚朋友们也享有优惠，这样也可以促进相互间的关系。这种方式适合一些居家用品和生活用品的销售渠道，比较低调且具有实用性，这种产品成为爆品的概率会比较大，好的销售途径就是要符合产品的销售之道。

除了比较常用的生活用品，还有很多的产品也要找到自己的销售之道，随着社会的飞速发展，以及消费者审美的日益提高，企业的销售模式也要紧跟潮流，企业产品成为爆品，往往都是因为企业的销售渠道与众不同，或者与同类产品的销售区别比较大，狂轰滥炸式的销售方式已经不能适应现在的社会了。

当下的社会比较追求高档次的销售水准，很多跳楼价的销售模式已经吸引不了消费者的眼球了。比如说现在的旅行社会在广告宣传中突出宣传他们有专业的拍照人员，而以往的旅行社销售广告主要是突出价格便宜的优势。

随着人们生活水平的提高，人们更愿意为消费埋单。比如全家旅游，这样的出行就是为了娱乐，想一想沙滩、美女、帅哥，要是没有人把这些美好的画面拍摄下来，岂不是浪费了？一家人玩得愉快就好了，并不会太在意消费的价格，这就是消费者的进步，所以企业也要根据消费者的需求找一些相对高端的销售创意，这样的销售方式才能更吸引消费者，更能满

足消费者的需求。

要想拥有持续的品牌效应，做活动是必不可少的销售模式。在街上经常可以看到一些产品在做活动，很多人可能觉得这是套路，但是产品的知名度提高了，通过与顾客互动、赠送小礼品，这样在平时提到这个产品，消费者自然而然地就会想到。就像江小白策划过的“遇见江小白”的活动，这个活动的策划简直就是活动型销售的成功案例，这场活动让江小白酒业焕发青春的气息，符合年轻人口味，成功地吸引了一些年轻的消费者，也让很多的爱酒人士有一种跃跃欲试的冲动，因为这个活动大力提倡“江小白就是年轻”的理念，充满了青春活力。

这场活动也让无数的酒粉疯狂，这种引发消费者参与的现场活动，让很多不知道江小白酒的群体，认识了江小白这款酒，这就是企业找到了正确的销售方法，将产品自身的优势发挥得淋漓尽致。这种销售模式吸引来了无数的消费者，主要就是因为这种场合容易带动消费者的情绪，感染力比较强。这种销售模式也使得企业的产品被更多的人知道。

不管企业推出哪种产品，都需要根据产品的性质和特点对产品进行合理的设计和布局，这样才能将产品的优势发挥到最大，让更多的消费者知道这个产品的存在，还有它优于同类产品的特点。因此企业在推广自己的产品之前，一定要注重寻找产品的卖点和产品自身的特点，这样才能找到一个完美的销售渠道，当然企业还要根据消费者的需求以及产品自身的定位对产品进行销售定位。

正确的销售渠道是搞定消费者的生存之道，很多人会说销售好难啊，无法给产品一个准确的定位，所以销售其实很无厘头。其实，这主要还是因为企业没有掌握好产品和消费者之间的“心理战术”。

企业首先要了解自己的销售对象，其次就是根据销售对象的需求来确定销售方式，找准消费者的心理需求才是企业销售产品的最根本力量。

企业打造爆品，要根据产品的本身特性去选择一个符合自身需求的销售渠道，不同的产品，销售的途径不一样，产品创造的价值也不一样，正确的销售渠道会给企业带来巨大的利益，不正确的销售渠道会使产品失去自身的价值。

成功的爆品总是拥有自己的销售渠道，在心理战中赢得了消费者的信任，最大程度发挥产品的价值。

怎样选择合适的销售渠道

在产品的销售过程中，每一个企业都希望自己的产品采用合适的销售方式，在适当的时间和地点销售给消费者。但是企业如果对产品的销售渠道选择有误，就会改变产品的整体数据，改变产品的销售成本，影响产品的竞争力，进而导致产品的滞销。

企业产品的销售其实万变不离其宗，主要就是根据产品的价值、产品的价格，以及产品的品牌进行选择。当然企业在销售产品的时候肯定会遇到很多的销售问题，这就是企业没有考虑好产品的整体衔接问题。

企业在选择销售之前首先要考虑产品的市场价格问题，因为消费者对于产品的价格是比较敏感的，价格对于产品的销售有着直接的影响，如果产品的价格比较低，就需要进行大批量的销售，这是薄利多销。如果产品的价格过高的话，企业就会将产品直接进行销售，产品的价格越高，说明产品的利润越高，这样就是高投资，高回报。

企业在制造产品的时候，产品自身的品质问题也是首先需要考虑的，产品的质量越好，成本就越高，企业可能不会选择一个比较高端的销售渠道来展现自己的产品，这样做会减少产品的利润。如产品的质量本身就不高，成本就会很低，这样的产品，企业肯定也不会选择一个相对高档的销售途径来展现产品。

自己的产品还是需要根据自身的需求来选择销售的方法，若有较高的技术含量，企业的成本肯定就会比较高，故也不会选择一些比较低端的销售途径，这样不利于产品的价值体现。

不管选择什么样的销售途径，产品的价格始终是一个重要指标，销售的最终结果决定了产品是否会成为爆品，产品价格对于消费者的影响重大。价格不但能调整企业的生产经营，还能促进市场的需求，在消费者可以接受的价格之下，产品的销售就比较容易，若消费者接受不了产品价格，产品的市场销售就会很难坚持下去，这样企业打造爆品就会比较艰难，一般在销售水平一定的情况下，市场上产品价格越高，消费者对于这种产品的需求量越小。

反之，产品的价格越低，消费者对其需求就越高，产品的价格越高，产品的替代品需求越高，这样的产品销售途径很不利于产品的需求，所以，产品价格在市场调节中有很大的反转作用。因为价格的变动会直接改变消费者的需求量以及产品的需求方向。

企业要了解市场和消费者的需求，选择他们可以接受的销售方式。企业的产品结构发生变化，销售模式也要随之改变，企业要根据产品的价格弹性设计好初步的销售方式，以及产品结构发生变化时销售方式的调整。

影响产品销售的原因有很多种，品牌的影响无疑是最大的，品牌影响可以促进开拓市场、占领市场和获得市场利润。品牌对于消费者的选择影响重大，随着社会的发展，消费者的理性消费越来越明显，很多消费者会根据企业的知名度以及产品的影响力进行消费，消费者的品牌消费习惯正在形成。

发行和广告是这类产品比较集中的销售方式，这类产品在通过品牌定位之后，可以通过多种方式进行品牌销售，从传统的印刷媒体广告到电子媒体广告、户外展示广告，以及在一些大城市消费能力比较强的城市建立自己的品牌专营，当然，现在的网络销售更是不容忽视。

现在很多消费者网上消费已经成为习惯，而且消费数据也是惊人。这样企业的销售方法基本上就可以确定了：根据现代人的需求和品牌效应，设计好销售的步骤，打造爆品是很容易的。

每一个产品的定位不一样，销售群众也不一样，这就说明产品的销售途径不止一种，所以企业在选择一个销售方案的时候首先要考虑产品的自身价值，然后根据市场的不同结构对销售方式进行修改，不断完善产品的价值，还要根据消费者的反映调整销售渠道。

给产品一个完美的销售方案，还要考虑到竞争者的销售方式，这样可以根据竞争者的效率来分析自身的产品利益，借鉴竞争者的优势，回避不足之处。对于产品的定位要准确，销售方法要符合产品的性质，这样才是一个比较合适的销售方法，销售渠道的合理选择，有利于产品准确地到达消费者的手中，这样安全有效的方式是每一个企业所追求的。

合适的产品销售途径，是需要企业对自己的产品有深入的了解，然后通过市场调查的数据和消费者对于产品的需求，做出一个初步的销售方案，当产品上市之后，企业要根据市场结构不断地调整产品的销售方向，及时给产品销售指定一个明确的方向。

消费者对于产品的销售反映如何，才是销售的根本，如果消费者不满意，那么这个产品无疑是失败的产品，合适的产品销售是企业根据不同的产品需求一步一步地改善，得到最完美的销售途径。

渠道管理的三个阶段

渠道管理就是企业为了实现分销的目的对现有的销售渠道进行管理，以确保渠道成员和企业之间互相协调、通力合作的一切活动。

渠道管理其实就是对经销商的管理，保证产品正常销售以及减轻销售库存的压力，加快商品流通速度。渠道管理是对企业广告、促销的支持，减少商品流通阻力，提高商品的销售力，促进销售，提高资金利用率，使之成为企业的重要利润。

渠道管理就是保证企业对于产品的服务支持，妥善地处理产品在销售过程中出现的任何问题，切实保障企业的利益不受无谓的损害。

产品的销售可以加强企业在销售的时候货品的处理方式，减少产品在成为爆品中出现的各种问题，如不定时的供不应求或者没有需求。渠道管理就是规避企业的产品结算风险，保障企业的利益，避免结算时候的产品市场混乱。

这样的管理就是对企业的配需，爆品的理念，价值观的认同，以及产品知识的正确认识，负责协调企业和消费者之间的关系，尤其是产品的价格、竞争、滞销以及对周边市场的冲击和低价格扰乱市场的问题。主要是以协调的方式为主，以理服人，帮助经销商消除顾虑，平衡产品的需求，引导和支持产品在上市时的营销方式。

每个企业对于产品的渠道管理都有很多种方法，每一种方法都在为了企业产品成为爆品做着准备。这些方法不一定每一个都有用，但是这些方法都是为了使产品更好地销售。

如果企业在后来进行产品销售的时候出现很多的问题，就会导致产品市场的不稳定性，所以产品渠道管理要根据具体情况处理，一般是：信息流通、产品或服务有效传递给客户、扩大产品和服务内容的附加服务。做好这几点，产品的销售就会比较畅通。

渠道管理首先就是建立一个信息的流通，这个产品的信息流通主要就是企业对产品自身的一个认识，如果一个企业在打造爆品的过程中对自己的产品不了解，这样实属说不过去，只有自己先了解了产品信息，才能让消费者也知道产品的信息。还有企业在销售的时候对产品的“包装”要好，因为企业在推出产品的时候，顾客首先看到的不是产品本身，而是产品的概论性信息，这样企业就必须给消费者一份全面的信息——产品的数据，这样才能让消费者在没有见到产品的时候对企业的产品有一定的了解。

其次，消费者对于产品信息的回应，这个能够比较客观地反映出消费者对于产品的喜好程度，如果产品一开始上市的时候，消费者对产品的营销模式比较喜欢，那么他们就可能成为企业的消费者。因此，建立相应的信息传递非常重要。

再次，企业的产品在建立相应的销售渠道的时候，要将产品或者产品的服务传递给顾客，不能企业打造了爆品而消费者却还不知道企业要凸显什么样的产品，给顾客一个完美的产品展示，也是销售渠道应该展现的。所以建立一个产品或者服务有效传递给顾客的流通体系是十分有必要的，这样有利于产品的销售。因为产品在销售的时候会遇到很多的问题，完善产品的销售管理，有利于产品的进一步销售。

最后一步就是提供扩大产品和服务内容的附加服务，现在很多的消费者消费就是买服务，所以企业首先在产品的销售中就要扩大产品的服务内容，有很多产品前期的销售很好，就是后期的售后服务有问题，导致了产品的滞销，所以企业一定要注重产品的后期服务。

如果消费者购买企业的产品是一次性的，那么企业与消费者之间的信任度就会减少，这是因为企业的销售渠道不完善，导致售后出现问题，之后很难再建立起相应的信任度，从而导致产品失去消费者。所以企业要扩大产品的服务内容，以及一些附加的服务内容。

这样既为消费者提供方便的服务，又有利于建立诚信度，渠道管理需要为消费者提供他们喜欢并愿意为之付款的实实在在的好处，因此也使得企业管理消费者的渠道变得越来越重要了。

有效的渠道管理方法能够增强消费者的服务，为消费者提供更有效、更广阔的选择，企业根据消费者的需求不断地完善很多有效的服务渠道，这就从根本上改变了企业的销售途径。所以现在社会企业对于渠道的有效管理也显得越来越重要了。

渠道管理是一种思考方式，是企业在寻求与消费者之间建立新的联系方式，这就是开发商机的方法。企业考虑到建立新的渠道管理方式和相应的销售渠道，这就说明企业在发展，有效的产品销售渠道不仅对企业的发展十分重要，更是产品对于企业以及消费者的一种服务，这也是对企业的一种改造机会。

随着经济的发展，企业对于渠道的管理建立也投入了全新的思想，这已经远远超出了产品对于消费者最基础的销售。产品一旦进入消费环节，很多问题就会显而易见地出现，所以企业建立完善的销售渠道，会减少产品上市之后的一系列问题，进而给消费者一个全新的销售服务理念。

|第十章|从零开始，打造粉丝信仰

新时代的粉丝经济

粉丝效益就是指粉丝和被关注者之间的经济性行为，就像现在很多明星或者艺人都会有相对应的粉丝，而在这些名人之中最能体现明星粉丝效应的是音乐家或者歌手，在音乐产业中真正做出贡献值的就是艺人的粉丝，因为艺人出专辑粉丝买，音乐会门票粉丝买，这就是一种企业付费，粉丝消费的贡献值。

随着互联网时代的发展，现在很多艺人都选择通过网络来培养自己的粉丝，来消费自己的明星效应。粉丝经济就是以粉丝消费为主的营销手段，根据消费者的情感，企业借助消费者喜爱的明星，达到品牌与偶像资本增值的目的。

粉丝经济效益的概念最早就是一些草根歌手在演绎的过程中积累了大批量的忠实粉丝，粉丝就会为这些明星购买一些鲜花、小礼物来表达对这些明星的喜爱，然后在一些特定的节日或者生日的情况下给明星送礼物。早期就有人统计过，有的粉丝会给明星送超过一千块钱的礼物，这在当时已经算是很贵的礼物了。粉丝和明星正在被人们普遍地接受和关注，行业期待粉丝经济的提出可以改变现在很多新出道的艺人作品匮乏的现实。

粉丝就是无条件地追随和支持某些艺人，是一个特殊的团体，这一群固定的、特殊的、有规律的粉丝，不仅对艺人的作品感兴趣，主要是对艺人本身就有较深入的了解。

企业的产品也要打造出粉丝效应，这就和明星的粉丝效应一样，有了粉丝效应会使得企业的产品销售更加品牌化，每一个产品根据自身的不同性质会吸引到很多不同的粉丝。就好比手机，也有很多牌子，苹果的手机粉丝被称为“果粉”，小米手机的粉丝被称为“米粉”。

这就是时代在进步，企业的产品也在进步。就像现在苹果7在中国大陆上市的时候，很多苹果的粉丝就会在零点的时候准时地出现在苹果的手机店铺门口等待购买新产品。每次苹果新款产品上市的时候，很多的粉丝就会急着购买，而且会提前一天去排队购买，这就是苹果手机的粉丝经济效应。旁人很难理解，在寒风中站了一夜，就为了买一个手机，可这就是粉丝的经济效益。

小米手机基本上都是线上网络销售，所以小米手机在零点销售的时候很多粉丝也是熬夜等待新品的上市，不光熬夜，还要不停地刷新系统，以防被别人抢完了，所以粉丝的力量不可小觑。

以上的粉丝效益就是单纯的粉丝对于产品的喜爱，还有现在是小鲜肉当道的时代，很多企业会聘请他们给产品代言，这不仅是在销售产品，也

是粉丝在消费明星，这种的粉丝效应吸引了很多企业采用这种方法来吸引消费者，当然这种产品营销方法只能是一些比较高端的企业和产品才能做出的，一般的小型企业没有这么多的经济基础来支撑明星的代言，所以小型企业只能用最真实的产品赢取粉丝的信任，企业要根据自身的产品来定义产品的忠实粉丝。

粉丝经济效应简单点说就是对明星喜爱的或者推荐的产品进行跟风，以及对明星的模仿，这些模仿就是支持明星的代言产品。一般铁杆粉丝都会对产品进行消费，这就给企业的产品带来了推动，还有现在很多衣服包包之类的爆品都是根据明星日常生活用品设计的。这些粉丝并不是孤立进行的，而是有规律地集体活动，这样粉丝就会集体消费明星们的产品，这就是爆品最初的形成。

现在的艺人基本上都是全面发展，不光会接一些产品的代言，还会出一些自己的书或者平台之类的，吸引自己的粉丝进行消费，有时候粉丝还会大量抢购产品，导致产品供不应求，这就是爆品。这样就会有很多的企业模仿明星的产品进行销售，一般明星产品会比较贵，但是企业模仿的会比较便宜，所以很多的明星粉丝还是会进行购买的，这就造就了爆品。

现在有很多电视节目组会推出一些打造草根明星的节目来营造粉丝效应，现在的粉丝一般是有计划、有组织的，专业程度比较高，甚至逐渐形成了粉丝产业，这些粉丝虽然不一定有很强大的购买能力，但是为其偶像消费的冲动却很惊人。企业也要根据产品自身的性质来确定产品的定位，来为产品“圈粉”，粉丝经济效益就是为行业的效率做贮备的，企业产品的效率高了，销售起来自然就会吸引人，再加上粉丝效益的带动，这就会让产品成为爆品。

最近比较火的中国国家女子游泳队运动员傅园慧在奥运期间粉丝数量一路飙升，只用了半个月时间就已经涨到700万，诚然奥运选手自带光环，但傅园慧自身的“逗比”属性才是粉丝愿意买账的最大原因。

还有明星的粉丝经济效益就是让他们自由发挥，在产品介绍到位的情况下，让他们找到属于自己的方式，粉丝们才会接受并形成转化，让专业的人做专业的事情，让懂粉丝的明星引导粉丝，这才是新时代粉丝经济效益的新玩法。

一个好LOGO，打造你的品牌

标志设计对于打造一个品牌而言非常重要。当下市场竞争激烈，很多品牌出现和崛起，不管是哪种行业的竞争都是很残酷的，不管企业现在做的是什么，最终的目的都是用产品为企业制造利润。而面对这么大的市场，还有这么多的消费者，企业的产品要如何吸引到消费者，第一体现就是产品的品牌LOGO。

一般，我们在选购商品的时候，会挑一个自己喜欢的LOGO，这是肯定的，因为简单粗糙的设计会让我们觉得很廉价而不愿意去选购。消费者看到一个不专业的标志，下单率就会降低，所以说一个专属精致的标志是多么的重要。

现在社会的竞争已经遍及小商铺了，这也是企业获得市场份额的有效途径，品牌竞争力的树立离不开企业品牌形象的构建，除了企业的一些文化理念，一个好的LOGO在企业中也占有非常重要的地位，每一个企业都应该注重产品的品牌视觉核心形象的建立。

企业能够准确地反映出品牌的个性理念，并且有效地传达企业产品的形象标识，是一个品牌设计的重要目标和责任，一个具有魅力的品牌标志符号，会给企业带来很大的品牌影响力。

一个品牌的LOGO是传达企业文化精神和理念的体现，所以小小的一个LOGO在企业占有举足轻重的地位。有人曾经对经典的品牌LOGO可口可乐说过，就算一把火把它烧掉，它还能凭着可口可乐的LOGO东山再起，产品的销售依然会这么火爆，这就足以表达产品的LOGO对于企业的重要性。

每一个中国人应该都知道中国银行的标志，它是包含很多经典寓意的，图形中间实际是一个“中”字，接着就是标志的外圆中方的造型，则代表着中国的古钱币，这将银行的本性表达得淋漓尽致。另外，圆形的外观寓意着中国银行是面向全球、着眼于世界，这个寓意既代表了中国的古典钱币，又代表中国的货币走向了世界。

现在很多新公司一建立就想打造爆品，但是具有长远眼光的新公司在运营之前就会提LOGO，建立一个成功的标志性LOGO，这对日后企业打造爆品的市场营销、产品销售市场的创立有很重要的关系，因为一个醒目的吸引人的产品LOGO会让消费者记忆深刻，这样可以吸引更多的回头率，激发一些潜在的消费者。所以企业想要一个好的标志，就要懂得一些设计标准的基本常识。另外，要考虑好产品标志的设计是否符合本公司的产品理念和企业理念。

LOGO的表现形式有很多种，一种是直接表现的形式，就是直接用企业的文字来表达企业的名称，这样的标志其优点是可以直接表现出公司想要表达的意思，让消费者可以直接地进行选择，通过反复的标志展示就可以直接让消费者联想到标志和企业之间的关系。比如CCTV、联想公司的标志，都是直接的表现，在这个比较忙碌的社会中，给消费者更直接的消费反应。

一种是形象表现的形式，企业采用一些形象来表现企业的理念，采用一些比较形象的标志来做企业的LOGO，这种标志的优点就是比较形象化，让消费者在购买产品的时候可以理解产品的含义。这样的产品比较形象化地体现了所需要表达的意思，比如奔驰的标志就是比较形象地介绍了奔驰车；还有NBA直接就是球员的形象，现在比较火爆的华为手机也是采用了图标加文字组成的标志。

最后一种就是抽象化的形式，就是把一个比较抽象的符号作为公司的标志，这样的LOGO比较随意，会让消费者产生遐想，让消费者看到LOGO就会去猜测这个产品是如何做到这么优秀的，让人们看到后感到新奇，产生想要了解的冲动，比如说北京申奥的标志，它是一幅中国传统手工艺品图案，即中国结，图案表现了一个人打太极拳的动感姿态，其简洁的动作线条蕴含着优美、和谐及力量，寓意世界各国人民之间的团结、合作和交流。

产品的标志对于企业而言不只是一个符号，它更是企业无形的资产，代表企业的形象，当然也是一个企业对外界传达企业内部的一些产品信息，传播企业信息的核心所在，所以在设计和选择企业标志的时候，就应该有独特的个性。LOGO设计要符合大众的认知，让消费者对这个标志产生印象并且记住，优秀的标志就是对企业的产品有一些比较长远的战略意义。

企业的产品首先被消费者看到的就是产品的LOGO，但是一个产品要是没有一个符合产品档次的LOGO，就很难使消费者对产品有一个好的印象，产品的LOGO就基本上代表了产品的性质，所以一个好的LOGO对于产品的销售还是很重要的。

让你的品牌拥有个性的代言人

企业想要打造爆品，想要产品的销售更加火爆，给产品找一个代言人是当下很多企业的方法，简单地说，代言人就是企业为了盈利的目的进行此次传播服务的特殊人群。

代言人也分很多种类，比如公司企业的广告代言人、政府组织活动的代言人，还有就是商业化的营销，也就是简单的企业代言人、品牌代言人、产品代言人。这些代言人都是为了产品的盈利，也是打造爆品的方法。

品牌产品的代言人就是为了增加产品的销量，让更多的人来消费，一般代言人是具有一定的可信度和影响力及传播力的公众人物，这样的代言人有比较高的说服力和号召力。还有就是对消费者影响力比较小的人，这样的人是大家比较熟悉的一类人，可信度虽然比较低，但是也有独特的一面，主要就是还原了产品的生活现实。

企业选择代言人有好处，但是也有风险，企业在选择的时候要看代言人是否与产品相符。选择代言人是一种策略和系统工程，如何选择与品牌相符的代言人呢？个性就是产品的灵魂，它是产品品牌的内在价值，当然也决定了品牌拥有不同的消费者群体，不同的产品应选择不同的代言人，这就要根据产品自身的特点来选择代言人。

有的产品需要青春时尚的代言人，有的需要成熟稳重的代言人，选择代言人要求个性和品牌相吻合，这可以让消费者直观地看到产品的价值，并可以很好地演绎出品牌的内在个性，为品牌形象增添光彩。如果企业选择了一个和自己的产品价值不相符合的品牌代言人，就会让产品的个性模糊。代言人的传播力不足，就会导致企业的消费者流量不足，从而使企业产品的社会竞争力很难超越别的企业。

若产品的内在价值不能被广大的消费者所领略，这对于产品的销售是很大的缺陷，所以企业选择代言人时，要给产品一个准确的定位，这样才能加深消费者对产品的了解，有利于企业打造爆品。

品牌的个性与代言人的个性吻合是品牌传播效果优化的关键，但是产品代言人的个性是千差万别的，而人的个性是在现实社会中塑造的，不同的个性折射着不同的人文精神和个体价值。品牌的价值是通过产品自身价值实现的，不同产品的个性就会反映不同的产品性质，产品的价值与代言人的完美衔接才会对产品的传播和识别有着同一性。

有效地树立和强化产品在消费者心目中的独特位置，比如可口可乐的品牌代言组合就是符合产品的个性对接，彰显了一个自由奔放、热情执著、年轻的元素在里面，代言人也是当代的新生代男偶像，比如当时的谢霆锋等明星就是浑身散发着青春活力，比较符合品牌的个性要求，所以可口可乐才会在消费者的心目中长久不衰。很多的消费者在选择产品进行消费的时候，会选择这种在消费者心里占据了很多位置的产品。

后来，可口可乐选择了当代小生周杰伦作为代言人，更是将产品的个性发挥到了极致，当年的周杰伦也是有个性的，火遍大江南北，这就是产品的个性和代言人的个性完美地衔接到了一起，发挥了产品的最大价值。

也有很多的企业在选择代言人的时候，犯了根本性的错误，就是不符合当时的消费观念，产品和代言人不能完美融合，比如创维电视推出的广告，以古代皇帝来推荐，广告语就是“朕心满意足”，这就让产品的时代差别比较大，其次就是跟创维电视倡导的实用性和平民化的个性设计有很大的差别，这就是错误的产品对接影响了产品的本质需求，让产品不符合最初的需求。

代言人的选择是从企业的产品销售目的出发，所以要考虑选择有个性的代言人。产品选择应符合市场区域的特点，不同消费者的消费观念、模式和经济能力不同，所以企业在选择产品的时候要因地制宜，代言人的选择也要因境而异。据调查，消费者对于代言人有同性相吸的倾向，就是女性消费者喜欢女性代言人，男性消费者偏爱男性的代言人。

明星代言的影响虽然大，但是也有很多力所不能及的地方。企业在市场的进化过程中，要根据消费者的产品需求，把握好产品的品牌力度，还有代言人的发展变化，了解产品的区域价值观，代言人的动向及特点，找到企业产品与代言人之间最好的结合点，这样就会让产品在市场的消费比较稳定。

选择名人代言是一把双刃剑，当然名人广告虽然是名人代言，但有时候消费者只记住了明星的一言一行，而忘记了产品是什么，这无疑也是一种失败的产品代言，所以企业在品牌的塑造过程中，应该认真地研究代言人，选择一些策略和技巧让代言人和产品完美地结合，让产品在市场中行走自如。企业产品在市场占据了位置，就可以在消费者心里树立起良好的形象，让代言人和产品完美融合，打造市场的销售优势。

品牌关键词高频出现

随着互联网时代的飞速发展，搜索引擎也开始加强对企业品牌的保护力度，这样做的好处就是让企业产品在热搜榜上出现的频率比较高，企业打造爆品，在网络信息时代还是要看产品的信息搜索量，这样做也是国家尊重产品的知识产权，在互联网上得到了更好的体现。

现在消费者的经济水平上升，越来越喜欢品牌化的产品，就像品牌的衣服即使贵一点，但还是有消费者愿意花高价来消费，这就是品牌的力量，所以企业在打造产品的时候要注意产品的品牌打造，就像现在网上的品牌旗舰店的消费量还是比普通店铺要多，这体现了现在的消费者愿意对品牌进行消费。

但是现在的产品搜索量还是要靠产品关键词的搜索，所以企业在打造爆品的时候要注重产品关键词的打造，关键词的打造就是利用产品的品牌力量提高转化率，这是最有效最轻松的。

企业的品牌是独一无二的，产品的关键词具有代表性，如果把自己产品的关键词推广出去，产品的竞争力就会增强，产品推广出去自然就会成为独特的关键词，一般都是产品的名字成为一个独一无二的关键词，企业应负责把这个关键词推广出去。不管采用哪种方法，最终的目的就是让产品出现在消费者的视野之中，这样在消费者有需求的时候，首先就会选择该产品，这就是推广产品关键词的优势，可以使消费者更简单易懂地把产品放在自己需要的时候就可以出现的位置上。

企业选择好产品的关键词，接下来就是通过各种渠道对产品的关键词进行广告，当然这也要根据企业自身的经济能力来考虑，不是每一种都适用于产品的关键词广告，一般就是线上广告，就是把自己的产品广告放到各大搜索引擎平台去，这是比较符合现在消费者的消费观。因为很多消费者需要买东西的时候会先上一些搜索引擎搜产品的排名信息，企业把自己的产品放到这些搜索平台上面有很大的优势，但是搜索平台的价格比较昂贵，收益效果还是未知的，所以这种方法对很多企业有待考虑的。

线上广告比较成功的案列就是小米手机，小米手机首发就是线上的广告，没有实体店的广告，不管是腾讯、新浪、网易，当时都在给小米手机打着广告，现在的消费者基本上业余的时候就会刷这些软件，所以小米手机选择线上广告是比较明智的，也是比较了解消费者的市场，但事后小米手机推出的关键词是价格便宜、硬件好，所以小米手机一上市很快便被抢购一空。

小米手机在线上的广告频繁出现这些关键词，这些平台每天早中晚都会给小米手机做一次推送，这也是一个明智的选择，因为大部分的消费者都需要工作，只有早中晚才有时间刷刷手机，正好可以看到各大平台给小米手机的推送，这就是非常完美的品牌关键词的推送，品牌关键词高频率的出现，使得小米手机成为当时的爆品。

企业的广告方法是在媒体上做广告，就是把自己的产品放到一些杂志、报纸、电视上面进行广告，这和线上广告基本上是一样的。随着互联网的飞速发展，很多消费者不再选择浏览报纸之类的传统媒体，所以在选择产品的销售渠道时还是要注意选好产品的销售方向，给企业产品准确的定位，包括产品的关键词也要定位好，这样就避免了产品的销售错误。

企业在宣传自己产品关键词的时候，可以炒作自己的产品，找一个最贴近产品质量的词语进行炒作，产品炒作的效果肯定比广告的效果惊人。因为现在的消费者比较喜欢一些有噱头的传播，这个炒作当然也不能是企业自行进行炒作，否则就是“王婆卖瓜自卖自夸”了，这样会使消费者有抵触心理，炒作产品要找到与消费者共鸣的创意，这种情理之中意料之外的“炒作”往往会让消费者印象深刻。

企业的产品和明星一样，也是靠着热搜让产品排名靠前，这样企业的产品就会有相对的优势，如果在同类产品中独占鳌头，这样消费者在消费的时候就会首先考虑到该企业的产品。但是企业在打造这些产品噱头的时候要给消费者留下一些比较好的印象，而不是曝光一些质量问题，否则不仅不会让产品有很好的收益效果，反而会影响企业的名声。产品也要经常曝光在消费者的视线里，这样就会让消费者记住企业的产品，虽然给产品制造话题有点不好，但是会让人印象深刻，有的时候还会被大众当作笑点来调侃，但是只要宣传跟上，就可以很轻松地传播这个产品了。

这样的产品宣传是蕴含在产品广告之中的，这样的广告也算是比较接地气的，这也说明产品的质量过关。产品曝光多，这样就会有消费者对产品的广告进行挖掘。

企业做爆品需要更多的曝光率，这样慢慢地出现在消费者的视野里，慢慢地就会超过同类产品，慢慢地就会成为产品的优势所在。

一个敌人 or 传奇，让路人变身粉丝

企业在打造爆品的时候，除了产品自身的质量外，最重要的就是产品的营销模式了。选择一个具有优势的宣传途径，这会使得其在同类产品中具有突出性的优势，继而就会使产品在消费者心中留下良好的印象。但是，企业如何选择一个具有优势的销售途径，让消费者成为产品的忠实粉丝呢？

这就要考虑到企业产品的销售和消费者之间的诚信度如何。让消费者成为产品的忠实粉丝，需要在做产品广告的时候对产品进行暗示性的介绍。只要企业的方法好，找准消费者的市场需求，就可以让路人成为产品的忠实粉丝。

爆品，必须多多出现在大众的视线里，很简单，要么让消费者成为粉丝，要么成为敌人。所以，企业是想粉丝多还是敌人多，就在于产品的销售途径，一个好的销售途径可以让路人变成忠实的消费者，这个有很多的例子可以说明。

喜欢喝酒的人应该都知道江小白，无数的路人甲摇身一变成为江小白的忠实粉丝，它是怎么做到的呢？首先这是一个年轻的企业，不像五粮液、国窖那么出名，因为没有那么大的能力去包装产品，所以江小白最初就是比较平价化的青春热血的普通白酒，当时的处境也是比较艰难的，办公室也就十来个人，但是，这个品牌只用了一年的时间，就在业内打响了名声。

其主要原因在于：

首先，江小白对市场进行了调查，发现大多的年轻人喝酒，第一选择不会是白酒，因为味道太冲了，不适合这个年龄段的人，太过于正式，度数也比较高，喝一点就容易醉，给年轻人的感觉不够时尚。正是因为这份市场调查，让江小白明白了年轻人需要的是什么样的白酒。这也就是江小白事业的开始，有了明确的目标，接下来就有了奋斗的目标。

其次，是产品的名字，江小白选择了一个比较通俗易懂的名字，这种与其他品牌背道而驰的方法显然让江小白成功了，了解自己的具体形象，还有简单易懂的产品塑造，让很多现实中的年轻人找到了可以宿醉到天明的理由。

现在的年轻人，生活压力比较大，总想找到些愿意承认自己的地方，但是社会竞争残酷，很少给年轻人证明自己的机会。但是江小白不一样，他在贴吧里给吧友们自由宣泄情感提供了舞台，同时也让他们回忆起了在学校的青葱时光，这就相当于是一个私人订制的地方，每一个人都可以分享自己的故事，就是这个转折让江小白迅速地在年轻人中火爆起来了。

每一个消费者都想找到属于自己的地方，想有人倾听自己的故事。很多企业不会注重这些线上的宣传活动，认为还是线下的活动比较亲民、吸引人，但是，不同的群体需要不同的销售渠道。后来的江小白，不但发展线上的活动，更是在贴吧做了票选最美故事，在票选最美照片的活动中，江小白挑选最受欢迎的照片，从投票和上传最受欢迎的吧友中抽取1000位，将照片制成明信片寄送出去。寄送的对象可以是本人，也可以是吧友想送的人，夹带着青春回忆的明信片被寄出后，线上线下又刮起了一阵青春风暴。

这个时候的江小白已经火起来了，但是他还是觉得不够，于是又开始助力一些青春电影，让一些不了解江小白的人了解江小白。同时也圈到了无数的粉丝，正好那个时候《匆匆那年》在招募合伙人，看上了江小白对年轻人的影响力，然后就开始合作了。

这也是产品营销一个比较大的优势，可以直接在媒体上做广告，这也是每一个白手起家的企业最需要的销售方式，最终，电影大卖的同时也给江小白镀金无数，让很多的年轻人感受到了江小白的存在，给这个青春热血的江小白酒业带来了很多忠实粉丝。

这也成就了江小白成为爆品，在同类产品之中脱颖而出，江小白的粉丝经营都是比较细致的。后期江小白又采取了会员福利，让很多本来犹豫的消费者变成了忠实的消费者，江小白的公司始终坚持着用最基础的方法做最精细的事情，这样的产品态度怎么会没有忠诚的粉丝呢？

很多时候产品成为爆品，跟产品的自身价值和销售是分不开的，但是产品的成功是需要粉丝的，就是让路人甲成为粉丝，这个过程就是如何让消费者信任你的产品，继而对该产品进行消费，这是一个转粉的过程，所以企业要注重消费者的需要，然后以此打开市场。

这使得产品比较容易在同类产品中获得优势，然后不断地改进产品的销售模式，发挥产品的自身优势，放大产品的优点，不断地给产品制造话题，这样才会有消费者自主地选择该产品。

打造爆品就是一个不断地增加优势、不断地改进销售方式、不断地推进和消费者观念相符的过程，这是产品成功的主要方法。所以，企业在开始的时候就要给消费者留下一个好印象，这些人会成为产品的忠实粉丝，慢慢地产品就会成为爆品。

每一个成功的爆品都有其独特的销售方式，这里的每一个销售行为都是以消费群众为最大化利益的销售，这样才能最大程度地让消费者心甘情愿去消费。

学会招募粉丝，才能叫粉丝营销

爆品永远不会缺乏粉丝，但是如何让消费者成为你的忠实粉丝，这就是一个需要让人深思熟虑的问题了。企业总会说活动也做了，产品也推销了，可就是不出流量，实在让人着急。企业没有精准的粉丝，就不会让产品一直是爆品。

企业也发布了产品的上线内容，但总是无人问津，也没有太多的人对产品进行了解。爆品主要就是靠企业的忠实粉丝，所以产品要主动圈粉，当然这个圈粉是有方法的，企业不能一味地在线上线下宣传，而不考虑粉丝的参与。粉丝的参与能大大地加深对于产品的了解和选择。

每一个爆品的成功都有粉丝的支持，所以企业的宣传和销售应该让粉丝一起参与。比如小米手机的宣传就是和粉丝之间零距离的接触，才让产品在短时间内圈粉无数，大家都知道小米手机的宣传一直是线上宣传，而且宣传力度很到位，真正让小米手机火起来的是小米手机的粉丝见面会活动，这是一个衔接比较好的活动，其实就是重在参与的活动，让粉丝与企业产品零距离地接触体验，这就让粉丝有了被企业重视的感觉。

首先，小米粉丝见面会的地点是由粉丝自己在论坛里面投票选择的，这样的决策首先就是企业尊重粉丝的决定，比较有亲和力，粉丝可以选择一个自己比较喜欢的城市，这就加强了产品和粉丝之间的信任度。其次，举办地确定之后，会场也是由企业和粉丝一起布置的，这时候粉丝就会有一种参与感，最起码自己是和产品一起存在的，是被重视的，现代社会我们被人重视真的会令人幸福，况且还是自己喜欢的和追随的品牌。

接下来粉丝还表演了节目，其实这场见面会，就是小米公司为粉丝举办的，是完全根据粉丝的喜好来举办的，表演节目也是粉丝根据线上的投票决定表演者，会场现场充满了欢快轻松的气氛，这就好像是粉丝私下自己举办的Party一般，气氛活跃，没有压抑，让粉丝们自己选择喜欢的方式。

见面会结束后，小米团队和粉丝们一起聚餐交流，这简直就是让粉丝有了自己的忠实信仰。充分地尊重每一个人，就是把粉丝当成是小米团队的一员，和粉丝一起探讨小米手机的成功之处和不足之处，让每一个粉丝都受宠若惊，也展现了粉丝对小米手机的喜爱，同时这个粉丝见面会也体现了小米团队对粉丝的喜爱和尊重，这完全可以说是小米手机的线下Party。

这只是小米手机对于粉丝见面会的独特之处，当然小米手机的成功之处不可能就是一个粉丝见面会，而是小米手机对于粉丝的尊重和用心。除了这些粉丝见面活动，小米手机还在微博上制造话题与粉丝互动，经常会有小米手机随手拍，让更多的粉丝参加这些时尚活动，成为微博头条，从而使得更多的人参加这个有趣的活动，这简直就是最简单的圈粉方法，当然也能得到相应的回报。

当然，还有小米手机的粉丝福利，当时小米手机和电影《后会无期》《小时代》合作，在线上的活动就是抽取幸运粉丝送电影首映票，每天都会推送，而这些电影的官方也会每天推送这些福利，这就是比较好的营销手段。

电影的宣传带动了手机的宣传，小米手机也在推送这些消息也带动了电影的宣传，这也是两全其美的方法，每一个导演的忠实粉丝都会去

支持自己喜欢的演员和导演的电影，在电影里面使用的都是小米手机，这无疑是对小米手机一种比较直接的宣传。

这种企业给自己粉丝的福利，不管是什么样的福利都是企业对粉丝的爱，后来小米手机的粉丝越来越多，也带动更多的消费者开始支持国产手机，小米手机的精准粉也开始多了。

后来的小米手机利用自身的这个优点继续推出福利手机，开展线上的699抢购红米手机的福利大回馈活动，也是给自己真爱粉的福利，作为小米手机的真爱粉，怎么可能错过呢?

后来很多粉丝就在零点的时候抢购手机，赠送自己的父母，因为那个时候已经接近新年了，回家给父母换个红米手机也是比较喜庆的，这又掀起了一波热潮，导致了很多真爱粉在零点的时候起来对着电脑抢购，这样的粉丝福利，谁不想要?

要想拥有忠实的粉丝，需要企业把消费者当作自己的真爱粉，让粉丝有一个自己主导的粉丝见面会，时不时给粉丝送点福利，这简直就是每天都会有惊喜。

所以企业打造爆品要尊重消费者，热爱自己的粉丝要像粉丝热爱自己的产品一样，这才是真正从消费者的需要出发。

满足消费者对产品的基本需求的同时还可以满足自身的乐趣，这就是爆品可以延续的方法，不管企业做什么样的产品，都要考虑到粉丝的感受，多为粉丝考虑，让粉丝参与产品的设计和销售，才有可能会让粉丝成为产品的忠实粉丝。

打造爆品的成功，离不开粉丝的支持。粉丝效应是爆品成功的重要因素，因为粉丝会无条件地为企业产品做“营销”，这种营销要比企业自身的营销效果好，所以企业适当时候多发一些粉丝福利也是有必要的。

做好网络互动，加快粉丝传播

企业在打造爆品的时候，更多的是专注品牌的关注度，提升品牌的内在，然后通过大量的活动给产品带来大批量的粉丝。至于如何做好产品与粉丝之间的互动，这就需要企业在开始销售的时候与粉丝建立好忠诚度，企业如何与粉丝之间做好信息的传递，是企业在销售的时候首先要考虑的问题。

首先，企业要从用户的角度看产品是否符合他们的交流水平。不同年龄阶段的社交行为差异比较大，年轻的人们喜欢记录自己的生活，年纪相对大一点的就喜欢一些社交学习的记录，所以企业在给产品定位的时候要根据产品定位的人群来宣传和销售产品。现在的企业就是要做让消费者相互理解产生共鸣的内容，多站在他们的角度思考，用他们的消费观表达，进而赢得关注，激发消费者的购买欲。

信息化时代，网络互动比较流行，很多消费者都会根据网络信息传播来确定企业产品的优势，企业很多时候就是发布一些信息，然后根据消费者的转发来选择幸运者，这就是企业与粉丝之间的互动，因为不光是粉丝和消费者，就是普通的路人甲也喜欢被尊重的感觉。

企业产品拥有粉丝之后，如何才能提高粉丝的活跃度，这是一个需要深思的问题，光有粉丝是不能给产品带来流动性的，还需要粉丝的活跃给产品带来流量。打造爆品就是发展活跃粉丝和引爆品牌的粉丝能量，现在一些企业的运营已经很难对粉丝形成吸引力了，所以我们来看一下在残酷的市场面前，一些打造爆品的名人是如何做的吧。

先不说名人是如何做到产品的爆品不断，就说不断地出现在消费者视野里面的微商，是什么给微商带来这么大的利益？其实就是产品粉丝的活跃度比较大，才会有越来越多的消费者加入微商的行列。

做微商可以说是比较聪明的，平时在朋友圈看到刷屏的时候总是很反感，要么屏蔽，要么直接拉黑，但总有一些微商会吸引你的眼球，不是他卖的东西吸引你，而是他在朋友圈发布的内容吸引你，不想自己的朋友圈一片死寂，所以他们会经常在朋友圈发一些互动，发一些比较稀奇的东西让你去猜测，还有红包发送，或者就是点赞发红包，这些简直就是朋友圈的一股清流。

其次就是产品的推广，现在有很多就是靠着网上一些比较出名的事件成为了网红，这些人具有一定的粉丝量，他们会和一些微商合作，或者说他们本身就是微商，这样他们在网上做广告的时候粉丝流量并不亚于现在一些明星的粉丝流量。

现在还有一些直播软件，一些网红每天晚上就会在一些直播平台开启自己的网络直播，这样不但会有粉丝的增加，还会选产品和粉丝做一些互动，这样就加大了产品的流量，然后朋友圈就会出现网红又开始做产品直播了。现在一些粉丝可能会买不起明星使用的产品，但是在网红直播的时候，这些微商的产品都是网红在直播的时候使用的产品，就会让粉丝有一种和明星使用的产品一样的感觉，他们就会选择购买这些网红推荐的产品，有时候还会给这些网红推荐产品。

当然最重要的一点就是，后来很多网红的忠诚粉丝都会和他们一起创业做一些微商产品，这样就可以和自己喜欢的网红更接近，他们是在线上推荐一些产品，但是他们代理了产品就会在线下举行一些聚会，这和粉丝追明星是一样的，这些网红的存在让粉丝和明星之间的距离更近了，做微商产品，他们不会很低调地做，他们会经常给粉丝提供一些活动，来提高粉丝的活跃度，这就是为什么微商产品不但没有销声匿迹，反而越来越多，做的产品有很多成为爆品的原因。

这其实和追星是一样的道理，粉丝为了喜欢的明星会有很强的消费能力，所以网红的代言和直播给产品带来了很大的优势，因为粉丝活跃度很高，所以产品的流量也就很多。在这个网络时代，信息传播快，所以这些网红活动，不管是线上还是线下的活动，都会有很多的忠实粉丝捧场，这无形之中就给产品带来了传播和浏览量。

这些线下活动就是把粉丝从虚拟世界拉到了现实中，一个拥有庞大的粉丝群体和粉丝活跃度的企业产品，轻而易举地就可以扩大产品的销售额，提升产品的知名度，这样不光激励了自己，也激励了粉丝们对于产品创新的热度，这样就会很容易引爆粉丝和消费者。

从粉丝对明星的崇拜转化到推荐其产品，这其中有一定的转化率，产品粉丝的话语权和参与度是决定粉丝营销成败的关键，过去那种跟着明星一呼天下应的时代已经结束了，现在的粉丝更多地参与和表达自己的想法和思维，所以企业在打造爆品的时候要挖掘粉丝的价值，给粉丝一些自主的思维模式，让他们去发挥产品的最大价值，这样才会引爆产品。

互联网时代的粉丝真的很容易养成，企业多宣传一些正能量的东西自然会有很多粉丝，再加上企业的品牌效应，圈粉真的是很简单的事情。只要企业的产品质量过关，剩下的就交给粉丝解决吧。

|第十一章|确定定位，不要走入爆品误区

不做不锐利的产品

随着社会的发展，消费者的需求越来越高，以及同类产品竞争的加剧，价格战致使老产品的销售额、利润下降，企业如何才能保持现有的规模，促使老产品的销量、盈利稳定，保证企业产品的利润呢?

做爆品就是做锐利的产品，不锐利的产品迟早会被市场淘汰，但如何把握好产品的锐利度，这需要企业好好考虑一下。首先是企业要敢于创新，现在发展速度太快，很多的产品都是社会发展的产物，其实也不能这样说，因为产品和人一样都是具有周期性的。

新产品的问世代表了老产品的湮灭，所以当企业看到产品有衰退的趋势时，就必须要推出新的产品来支持企业继续走下去，就像大家熟知的通信产品，每年都会有很多的新品上市，继而老品就会被社会淘汰。比如，十几年前大家一人手里一部诺基亚，而现在呢？一人手里一部苹果手机，这就是旧事物的灭亡，新事物的发展。企业在推荐产品的时候，还要保持

产品具有快速扩张的趋势，这样就能让自身的产品一直处于消费者的视线之中。

这个时候企业就要明白，在推出新产品的时候不光要带动产品的流动性，还要有进入新行业的准备，做好不同类新产品的准备，最起码可以保证产品的流通性和产品的扩张速度，以保证产品的销售程度和企业打造爆品的优势。

接下来，企业就要提高产品的渠道利用率，这是产品成为爆品的必经之路。

企业在扩张驱动成功之后，就要学会使用这些扩张渠道，渠道的建立相对稳定之后，产品的渠道使用费就会相对的稳定，推广产品的成本就会变小，产品的售价就会比较稳定，这很符合消费者的消费观。消费者都喜欢物美价廉的产品，何况是企业已经把产品打造得非常精美，这样就会吸引到大批的忠诚粉丝对企业产品进行消费，提高产品的渠道利用率。

成功的例子有很多，比如消费者都知道的养生堂推广的农夫山泉是非常成功的，毕竟多数消费者会喜欢推荐一些高端产品。

企业若想做比同类有优势的产品，那么对产品的定位就很重要。这就是一个产品的成功，不仅要自身的产品质量过关，还需要考虑好产品的市场因素和企业的优势。

没有一个好的产品市场，没有足够的实力配套，产品的优势再明显也不会使产品优于同类产品。企业的产品做到锐利，肯定要根据市场大量成功和失败的案列来做好产品，然后提出产品锐利化的原则和方法，综合考虑好产品素质和同类产品的市场状况。

企业准备好产品的锐利化，接下来就是要减少企业之间的竞争。同类产品的竞争对手也会推出新产品，威胁到企业新产品的销售，这是市场的本能，企业要做好应对。

一个产品成为爆品，接下来就是各种跟风产品出现，所以拥有类似产品的企业往往是有目的的，并不是企业推广的终点，一些注重品牌的企业，会把自己的产品优势放大到极致。

这样不断地放大优点，缩小产品的缺点，就会把产品锐利化，这样的产品就能处在市场的顶端。当然企业不会停止新产品的推出，以此来保持企业品牌的接触度，提升产品的价值，所以，产品的顶端优势就会比较稳定。

很多情况下，企业需要推广自己的新产品，在企业产品综合力度的排名上，投资新产品的风险是比较大的，一些很有创意的好的产品是根本没有办法拓展的，因为太锐利化的产品，根本就没有办法超越，所以新产品推出的成功率是比较低的，企业在打造产品的时候要从产品的根本上升级，这样才是防止产品失败的最好方法。

其实产品做到锐利化，跟产品做到极致是差不多的意思。企业打造好产品的质量，做好一系列的产品策划，这样不管市场如何变化，消费者的基本需求是不会改变的，改变的是市场对产品的需求，所以做锐利化的产品就是在已有的产品之上增加产品的内在优势，或者在基础的产品之上，加强产品在同类产品中的优势，这样产品的忠实粉丝还是会支持企业的产品，产品的优化同时也会吸引到路人甲的关注。

有些企业不做不锐利的产品也是对企业的品牌负责任，一个产品不可能一直处于爆品时代，但是一旦产品出现问题就很难恢复到产品最初的优势，这样就不符合产品的锐利化。企业要通过市场竞争使产品的优势大大显示在消费者的视野中。

锐利的产品，不光是产品的质量要过关，而且产品在同类产品中要具有相对的优势，这样产品的针对性就比较强，还有就是要把产品的优势显示在消费者面前。

不做不极致的产品

企业要把产品做到极致，首先企业要敢于创新。很多企业在做产品的时候都会有中华民族的特色精神、匠人精神，很多时候产品的极致离不开这种精神，产品质量的极致其实就是发挥产品的自身优势。

企业打造极致的产品就是在设计产品的时候要考虑到创新，这种创新要能打动消费者的心。如何打动消费者的人心？这就需要企业做好前期的市场调查工作。

众所周知，日本的产品制造一向是以“做工极致、设计巧妙、产品贴心”而著称，这个可以从产品的使用中体现出来，有时候很多的生活细节消费者自己注意不到，但是可以从日本制造的产品中看出。使用过日本产品的消费者都可以产生共鸣，不管是汽车，还是马桶盖，或者是电饭煲，又或者是电吹风，这些产品不是无缘无故地出现在中国人视野之中的，也不是无缘无故地就成为中国消费者眼中的爆品。

现在的企业爆品就是要“产品为王，细致贴心”，想要在同类产品之中脱颖而出，企业产品必须具备极致的思维。日本的这些产品成为中国消费者新宠儿的背后，除了产品的质量过硬，还有日本的制造商坚定信仰的创新精神和企业要求的专注、踏实、精益求精，以及他们用心的挖掘和投入。

说一下中国的马桶和日本的马桶吧，日本本身就是一个比较细腻的国家，产品的制造肯定也是符合日本的传统文化思想的。日本由于国土面积比较小，所有东西的设计基本上都是比较精致细腻的。

日本是一个工业大国，设计的马桶有一些加分的功能，自动加热马桶盖，会播放出逼真的自然水声掩盖上厕所的尴尬声音，还可以根据人身高的不同来调节马桶的高度，另外还可以提供在上厕所的时候听音乐，以及游戏娱乐的功能。这些只有想不到，没有做不到的人性化设计也完全符合中国人的需要。

前一段时间，有个新闻爆出一群中国游客去日本旅游，在一酒店下榻，走的时候把酒店马桶盖带走了，这个事件足以看出，日本的马桶是有多大的魅力！这也说明了想要做爆品真的很简单，只要企业把产品做到极致，真的会有人来抢你的产品，这就是在设计产品的时候，企业要对产品表现出尊重。

反观中国的马桶，经常有用户反映马桶的问题，这也不能说中国的产品不行，这只是一种产品的对比。没有对比就没有伤害，因为有了这种不好行为的爆出，让中国的企业也开始了一系列的优势改造，接下来看一下中国的马桶爆品。

消费者都知道九牧马桶，就是在原有马桶基础上进行的创新改造，把不足之处加以改进，努力朝着极致的方向走，其实企业产品的极致最终还是靠消费者来评价的。

其实，中国的产品质量是可以的，但是随着社会的发展，老产品终究会被新产品所代替，所以中国企业的产品要朝着“智造”的方向发展。本土的品牌爆品九牧智能马桶推出，获得了一批爱国人士的支持，也获得了比较好的口碑。推出的主要看点有环保节能、APP控制，使得很多消费者翘首以待，推出的产品确实也没有让消费者失望。

九牧智能马桶的理念：科技引领健康生活，通过运用高科技的力量，可以让人们享受更美好的生活，为用户提供高品质的生活福祉，提高人类居家生活品质。

九牧智能马桶以全新的冲洗方式及环保理念，为客户带来更加健康的卫浴体验，这很符合中国快速发展的国情。不光是产品做到极致，就连产品的销售，九牧也衔接得比较好，刚推出的时候有免费体验。这可能也是成为爆品的一大原因吧。

九牧做了健康的粉丝回馈活动，在全国掀起了一阵“买马桶，去九牧”的热潮。当时推出的“先用后买”的风暴体验，圈粉无数，让很多“路人甲”成功地成为九牧的粉丝。

极致的产品出现在消费者面前都是自带光环的，这是产品的一种内在魅力，消费者在选购产品的时候，都会选择性价比较高的产品进行消费，这也是时代发展、人们生活水平提高的标志，消费者对于生活用品的品质有了更高的要求，所以，企业在打造爆品的时候要注重把产品做到极致。

把产品定义在一个比较精致的位置，即使产品没有成为爆品，也可能成为黑马，因此企业在进行产品销售的时候就要突出这个产品的优势，因为如今的消费者一般不会在乎多少钱，只会在乎产品的质量。

优秀的产品不是没有缺点，是怕产品没有亮点，专注产品，找到用户最真实的需求痛点，摒弃老产品的经验，突破新产品的问题，做到产品的极致。企业的专一可以做到产品精准，培养品牌，因为专业，所以极致。

极致的产品不单单代表了产品的质量，更多的是代表了产品的综合水平，这里面包括了产品的质量、细节以及给消费者惊喜。

尽量把产品做到这样，才算是一个极致的产品，企业应该努力把产品做到极致。

不要自己创造竞争者（不要爆品干掉爆品）

很多企业都会根据老的市场法则来做产品，想着用产品原有的法则打造一个爆品，但是这样的方法会让企业用自己新的爆品把旧的爆品挤出市场，即使企业前期的收益会比较好，后期也会给自己找麻烦。

简单地说，在工业制造时代会制造很多的爆品利润，但是在互联网时代就会失去这个产品的价值，很多制造时代的产品优势，在现在这个社会基本上失效了。

爆品的制造如果不走心，就会被自己的产品制造搞失败，这样的例子很多，这就是企业在打造爆品的时候没有考虑社会需求。

企业的产品一旦出现了问题，企业会觉得是自己的产品定位出现了问题，其实这是错误的想法，是比较狭窄的思想。企业从来不会考虑到产品的失误，只会想到自己的定位和消费者的需求之间的问题，并不会认真地考虑产品和消费者之间的需求反应，这样就导致了企业用自己的爆品干掉了自己的爆品。

现在企业之间的战争不是产品的战争，说到底还是顾客的心理战。

十几年前，诺基亚手机算是质量比较过关的，但是为什么诺基亚在制造智能手机的过程中会被市场和消费者淘汰？

诺基亚打造智能手机是斥了巨资的，是根据自己的产品硬件很强的认知，因为曾经是传统的手机品牌排名第一，所以广告打得很猛，品牌性很强，但还是失败了。

其实，诺基亚手机前期其实培养了一大批忠实的粉丝，销售也很好，只是后来的销售让诺基亚有点着急了。销售不好不说，很多消费者开始吐槽新的产品在使用方法上有问题，大多数消费者反映诺基亚的使用变得很困难，不管是输入法的使用，还是手机铃声的更换，都让消费者觉得很难使用。

更让用户崩溃的是，不管是使用手机的哪个功能都会触碰到产品的短信编辑功能，这就造成每天都会有无数人在着急使用手机的时候，无意中打开手机的短信编辑功能，这对于一些商业化的用户来说简直就是崩溃的设计。

这就是前期的爆品，后期被自己的设计干掉了，当然类似这样的产品还有很多。企业自己的产品给自己创造了最大的竞争，产品的优势还没有体现出来，就被产品自带的竞争劣势打败了。

企业在制造产品的时候还是要考虑好消费者对于产品的认知度有多大，被消费者所认知的产品才会有市场需求，所以企业前期一定要做好产品定位和调查清楚消费者的需求。大部分消费者的需求基本上就是市场的需求，所以企业在打造爆品的时候还要把自己的产品定位做好，不能说产品的定位一定要精准，但起码要明白每一种消费群体的不同会导致产品的需求不同。

企业制造产品的时候，不要让自己的产品打败自己的产品。

首先就是产品在选择市场的时候要确定好产品的消费群体。企业推出产品的时候要找到适合的消费群体，然后再扩大自己的产品优势，而不是做没有目的的投放，否则产品就会慢慢掩埋在同类产品之中。产品的优势是可以保障消费者的大部分需求，而不是给自己找麻烦，这样的产品推出，不但不会成为爆品，还会让产品的品牌度减少。

其次就是产品的问题处理，企业要相对承担更多的责任，不要让消费者承担过多的责任，这无疑就是在损害自己的品牌形象。

企业打造了消费者对于产品的认知度，就是消费者在看清产品的本质后，还会对该产品继续消费。现在的企业制造，如果商家不愿意创新，根据老经验来制造产品，显然是行不通的。

爆品的首要问题就是消费者的认知和事实处于同一平面上，而不是认知和事实落差比较大。消费者的需求会改变，市场的需求也会改变，所以企业的爆品，不光要考虑好市场和消费者的需求，更要注重自身的产品品质。

别让错误的定位干掉爆品

爆品不是一蹴而就的，而是靠企业慢慢改变的，很多企业上新产品，首先就是给产品一个定位，然后就按照这个渠道去销售，其实，这不一定正确。

此前就有很多企业讨论过如何给产品定位和打造爆品，怎么说呢？最终的结论基本上就是定位依然有效，对于企业，定位是一个有效且生命力很强的方法，在国家工业制造时代，企业采用定位的方法，制造了很多的爆品，可以说是爆品的辉煌时代。

但是现在社会发展得这么快，原来的方式基本上不奏效了，产品的销售五花八门，网络时代的产品销售可以有很多种方法，采用什么销售方法就是由定位来决定的。

现在的苹果手机，基本上可以说是通信企业的龙头了，苹果手机为什么那么快就把三星和摩托罗拉干掉了？可以说三星和摩托罗拉在智能手机开始定位的时候就没有把它们的系统定义为一个新的品种，没有和旧时代的系统告别。

而苹果手机又是如何把产品做到艳压群芳的呢？简单点说就是产品的重点不一样，苹果手机主要是把产品的设计放在了金字塔的顶端，把消费者的需求放在了第一位。而三星和摩托罗拉就不是这样的，他们的金字塔顶端就是销售部，就是企业不管制造出什么样的产品，总会有销售部门可以把产品销售出去，这就是产品的理论不同。苹果手机是把消费者摆放在第一位，而三星和摩托罗拉手机是把产品的利润摆放在第一位。尊重产品，尊重消费者，这就是苹果手机为什么可以成功地成为通信行业的龙头，而且一直保持这个位置不变。

很早的时候就有人观察和分析过苹果手机，很多企业看到之后表示很惊讶和看不懂，其实仔细分析一下，意义重大，如果你用传统的眼光看苹果手机的背后意义肯定是看不懂的。简单地说，就是苹果手机把消费者的需求和事实的销售产品使用效果放在了产品制造的第一位。产品制作成功之后，自然就会吸引一些忠实粉丝的消费，还有一些忠实粉丝的口碑宣传，这就是苹果手机为什么稳坐第一的原因，不会笼统地给消费者定位，而是根据消费者的事实反映来调整消费的方向。

很多企业在推出新品的时候，首先会选择给产品定位，其实方法论是时代的产物，不是某一个名人推出的产物，产品的定位和爆品都是一个时代的产物。定位不适合互联网时代的最大原因，就是过度地依赖企业对产品的营销，而严重地忽视了产品的本质，甚至有的企业为了利益，只想着占领消费者的心智，但是忽略了一个最大的问题，就是消费者最大的痛点需求。

现在时代升级、企业升级、消费者的消费水平升级，定位已经满足不了人们对于产品的需求了，企业再沉浸在旧的生产方式和消费水平之中，就会导致企业有一种自以为是的思想，现在企业一直处于爆品的产品总有

一种心怀谦卑的思想。

年轻一代的人大多应该知道凡客，毕竟这个产品的推出点就是年轻人，陈年在建立这个品牌的前期定位就是年轻时尚。陈年算是一个电竞高手，懂得投资产品，还懂得年轻人所理解的时尚，所以起先的帆布鞋简直完爆整个帆布鞋市场，但是后来，企业却跌入了谷底，库存9亿，他不知道问题出在了哪里，只知道自己的产品被否定。

无奈之下，他体验了一下自己的帆布鞋，然后才发现，没有一双是自己满意的，这时候他就意识到一个问题，就是因为自己前期的定位是时尚年轻，所以他只追赶时尚潮流，忽略了舒适度，舒适不只是老年人的追求，也是年轻人的追求。

后来，陈年在推出新产品的时候，就会将产品和消费者的需求全部考虑好，不着急给产品定位，所以接下来他的免烫衬衫就真的做到了，成了又一爆品，可以说他的这个免烫衬衫是真正地考虑到产品和消费者的思想相符，而且没有定义哪一个消费群体，上市之后就成了爆品。

简单地说，这件衬衫再次拯救了凡客，由此可以看出爆品的打造最害怕的就是先入为主的思想，爆品是打造单品的成功。现在的陈年靠着免烫衬衫就能撑起凡客的主体，他说自己的产品一年卖不到1500万件，至少也要卖1000万件，这就是企业的底气。

其实定位在市场上还是被需要的，爆品的打造是需要企业对产品进行定位的，只是很多企业对产品的定位比较固化，这样不但不会给企业带来好的产品指导，反而会将企业引到一条错误的营销渠道上。

严谨地说，爆品也是企业的一种定位，这是一种全局的观念，企业正确的产品定位就相当于一个突破点，定位就是企业对于全局的一种控制，爆品的制造就是在引流。

企业打造爆品，可以说定位是最重要的。试想一下，如果产品上市了没有具体的市场和消费者定位，那么这个产品很容易就会被同类产品或者互补产品打压下去；如果产品不能出现在市场和消费者的视线里面，那么这个产品就等着game over了。

第三篇

爆品案例

| 案例 1 | 三只松鼠，如何一年做到坚果类第一

三只松鼠的创业团队是由全国的粉丝组成的，主要就是做互联网食品品牌的，因为具有较强的品牌营销理念和粉丝出身背景，产品推出后，很快就掌握了消费者的消费心理，也了解市场对于产品的需求。另外，消费者对于产品的认识，使其很快地就在互联网的销售中壮大起来。

三只松鼠主要是以线上操作的互联网技术为依托的。产品的销售理念，主要是快速、新鲜的新型产品零售模式，这种模式缩短了产品和消费者之间的距离，关键是保证了消费者可以享受到产品的新鲜完美口味。

三只松鼠的LOGO设计是三只呆萌的松鼠，扁平化的设定为主体，突出三只松鼠企业的动漫化，设计整体呈现一个三角，圆形的边缘设计有一个圆润的弧度，寓意着企业稳固和谐的发展。企业还为三只小松鼠取了名字，并赋予其相对的寓意。LOGO左边的第一个小松鼠叫小美，粉色的衣服和蝴蝶结，它的造型就是张开双手，寓意拥抱和爱戴产品的每一位消费者，给每一位顾客抱抱；中间的这只小松鼠叫小酷，它的形象就是紧握着拳头，寓意着产品拥有强大的团队和力量，三只松鼠发展到现在团队人数

达到了700多人，团队的力量是强大的；最后是一个戴着黑色大镜框的小松鼠，它叫小贱，一个向上的手势，象征着一个青春活力的团队大步向前、永不止步的态度，也代表着团队可以一直向着更好的方向发展。这就是三只松鼠的产品LOGO的选择以及寓意所在。

企业要想做好营销，首先要确定目标消费者，然后就是根据消费者的需求投其所好，而三只松鼠的目标人群是非常明确的，它主要是定位在80后、90后的互联网客户群体，因为这个群体的人个性比较张扬，有自己的主见和行为准则。这个群体追求时尚，享受生活，善待自己，对于细节有自己的标准，三只松鼠就是注重全方位的体验，从命名就可以看出来，它注重契合目标消费者的特点，这个年轻的群体思想比较丰富，从名字上也可以很容易地联想到松鼠爱吃坚果。

此外，三只松鼠的形象包装是根据消费者的需求定位出来的，尤其是针对女性，这种产品的需求，极大地吸引了年轻女性的注意力，拉动了产品的消费。不仅如此，三只松鼠的定位就是一些85后的互联网用户群体，有适合顾客的各种口味，还特意地将位于产品销售链前端的销售进行了客服分组，分组的标准是由产品的特点、客人的性格以及个人偏好决定的，产品的档次定位就是高端产品的定位。

这就是年轻消费者的小资生活体验，会有文艺小清新的小袋鼠接待，如果你是个逗比、段子手，则由丧心病狂组接待，这些定位目标消费群体的营销模式，极大地满足了顾客的消费体验，这样就会有很多的回头客，回购率就会不断地提升。

营销和销售，要对自己的目标消费群体进行精准的定位。主要是要明

确产品与消费者之间的关系，分析和挖掘消费者的内在爱好、需求和兴趣点，并且抓住目标人群的某些特点，然后增加消费者对于产品的品牌认知度。三只松鼠就是靠这样的产品优势满足了消费者的需求，也确定了三只松鼠的高端品质的定位目标。

现在的坚果市场也是比较多元化的，但是三只松鼠坚持做自己的品牌坚果，这就是自己的产品优势，如果非要给三只松鼠找一个所谓的痛点，那就是在符合消费者的口味的同时，越便宜越好。品质优等的干果的产品差异不大，所以这是一个高销量低毛利的行业。在三只松鼠之前有一个坚果品牌曾垄断了坚果市场，那就是西米网站。

这个网站出现后很快就在市场上成为爆品，但是它的迅速膨胀也导致了自己企业产品的失败。三只松鼠就是在西米网站失败两年之后做的，西米失败的原因，就是实体店和线上销售的精准定位有冲突。所以三只松鼠产品销售的痛点就是：有聚焦，产品不要多元化，不要分散企业对产品的精力，自己的品牌要有自己的故事，而且是真实动人的故事；企业要规模化，降低成本，力求企业产品的差异化，躲过了失败的原因，就距离成功不远了。

三只松鼠的营销模式就是口碑好，企业首先要把产品做到非常优秀，如果产品不好，顾客肯定对产品不满意，那么品牌的问题就出来了，当然也不能光质量好，接下来比较重要的就是产品的用户体验，主要的核心就是感情的销售，在整个购物过程中，让顾客的体验比较愉悦，当然最好的结果就是可以超过顾客的期望。

产品的质量好是每一家企业必须具备的，但是顾客需求的是服务态度好，还有就是包装袋子里面有什么，这些东西才是超过了顾客的预期。总之，在互联网时代，企业刚刚起步的时候，竞争力是比较大的，所以要求企业产品的每一个销售环节都不能有漏洞。三只松鼠善于运用互联网技术，在不同的阶段有不同的消费者体验，收集每一个消费者的体验反映，之后有关部门就会根据这些反映进行改进，完善产品的品质。

三只松鼠在坚果界的口碑就是一直在改进，从未有停止过，这就是给企业最好的回报，三只松鼠的销售口碑也就在这一点点的改进之后得到了最好的产品反映。当然不管是前期的产品质量过硬，还是后期的产品整顿，都给三只松鼠带来了很好的口碑效应。

购买过三只松鼠的消费者都知道他们的服务是非常好的，从消费者一开始产生购买的念头，吸引人继续消费下去。三只松鼠是线上销售，消费者和卖家沟通的第一句话，就充分地显示出卖家对消费者的尊重，接着有会卖萌的小松鼠客服和消费者沟通，这样就比较会吸引消费者。然后在打包快递的时候，会有可爱的呆萌小松鼠给消费者发送短信，物流信息的更新会随时通知消费者，这样就给了消费者比较贴心的服务。最后消费者收到坚果打开包装的时候，也能感受到企业的贴心服务，里面不但有开果器，还有湿纸巾，这简直就是给消费者最贴心的服务，毫不意外地成了很多办公室女性顾客的新宠儿。很多时候爆品成功的大部分原因就是在于企业的服务，因为产品的质量在一定程度上是没有太大差距的。

其实我自己也是三只松鼠的忠实粉丝，第一次购买的时候就完全被它的销售品牌吸引了，然后就是冲动消费，其实在淘宝上也有很多坚果比他们家卖得便宜很多，那些卖家的信誉和开店时间也是值得信赖的。后来在三只松鼠的店里买了一个森林大礼包，收到的第一感觉就是呆萌，第二感觉就是很贴心，简直是良心设计啊！包装箱上面有一个方便开箱的工具，这样就不用去找剪刀了，顺利地打开了包装，里面的每一个小包装都很精美，每一包坚果里面都有一个封口夹，这简直就是业界良心啊！他们帮消费者考虑到了以防坚果受潮的问题。

打开夏威夷果里发现面有开果器，这让我想起以前购买的夏威夷果店家不发开果器，只能靠石头砸开，说起来简直就是一把辛酸泪啊！最后值得称赞的是，三只松鼠还提供了装果壳的纸质垃圾袋，还有湿巾纸，就不说还赠送了试吃的包装，单单这些贴心的服务就会让消费者感到很暖心。

三只松鼠的设计就是在善待每一个吃货，伺候好了每一个消费者，后来我又介绍给了办公室的人，慢慢身边的朋友都变成了三只松鼠的忠实粉丝。这也从侧面体现了企业营销产品中不可忽视的细节问题，其实，每一个消费者都能变成朋友圈的营销者。

企业都知道在“双十一”这个消费日，一定要让自己的产品“出尽风头”。但是有些企业就不会这样想，只会坐等“双十一”的到来。

三只松鼠在十一月份就开始迎接双十一的到来了，这也是每个产品必须要考虑到的问题，不能让消费者等待物流太久，这就要提前给消费者准备好产品。三只松鼠在双十一的预期达到3亿，最后产品的成交额达到了2.5亿，连续在天猫商城坚果零食类排名第一。因为没有哪个企业是靠着一个单品而销售这么多的交易额，这和三只松鼠高速发展背后的商业模式以及新农业有很大的关系。

为什么三只松鼠仅用了17个小时就轻松突破了2亿，成为天猫商城零食类销售第一？这可算是大爆品啊，其实还是要从三只松鼠自身的品牌质量说起，首先就是品牌的传播，三只松鼠很简单的字数和卡通形象给消费者眼前一亮的感觉，也对坚果的品牌有了定义化的认知，颠覆了人们对于坚果的区域性的理解，最大化地诠释了电商产品的品牌化。

对于三只松鼠，可以说到现在基本上是耳熟能详了，主要还是产品的创新性和勇于创新的精神，三只松鼠最简单的就是产品的口碑营销，这也是三只松鼠成功的最主要原因，三只松鼠基本上就是征服了所有的线上销售平台。

当然，所有的产品都不可能简简单单、随随便便就能成功，三只松鼠的成功也是因为长期的坚持，以及不断地完善自己的细节问题。“双十一”的爆品打造也是因为前期产品的不断改善，对用户体验的坚持，对年轻群体持续地跟进以及在此基础上的创新，然后就是互联网思维的改变，企业的销售本质上说就是产品的销售思维。

还有后期的宣传，因为产品的呆萌形象让很多明星也在“双十一”和大家一起在天猫商城度过了这个购物狂欢节，这无形之中，又给三只松鼠带来了粉丝消费。而且优秀的企业品牌，必定有着动人的故事，这就是品牌的产品明星化，三只松鼠的多元化发展，也是多方面地给自己的产品打广告，让更多人知道三只松鼠是做什么的，这就使得在后来的购物狂欢节上成功地引爆了产品，成为坚果产品中的佼佼者。

一个企业打造爆品，时间的长久并不是问题，问题是企业根据时间的长久来不断地完善自己的产品，让消费者对于产品的认知度要大于产品对于消费者事实的反应。很多产品在这个过程中就被pass掉了，坚持到最后的产品基本上就是同类产品之中的爆品，这个过程是漫长的，重要的是这个过程完善了产品的意义。三只松鼠也不是在开始的时候就成功成为坚果类的爆品，也是通过四年的努力才有今天的成绩。

|案例 2|苹果，经典的产品链才是王道

提到苹果手机，就不得不提乔布斯。

众所周知，现在的苹果手机俨然成为世界上创造力最强的公司。乔布斯一生的信条就是聚焦产品，他认为市场的需求是一种以产品为导向的文化。乔布斯是一个强悍的产品挑选人，当然他最厉害的是他能够不断地制造爆品。

而在中国，大部分的企业创造者基本上都不怎么相信产品的自身价值，反而比较喜欢产品的营销手段，企业不管制造什么样的产品，都有销售团队把产品销售出去，传统的企业都相信“营销为王”“渠道为王”的理念。在互联网时代，这些传统企业模式就要受到很大的挑战，而苹果手机却在不断地创新，几乎每年都会有爆品出现。

苹果手机的每一个产品的设计都可以说是完美无瑕的艺术品，这表面上是设计的成功，其实不管多完美的设计，都是需要完美的制造商来实现的，苹果产品每一个细节的完美体现，后面的供应商付出了多少数不清的汗水，这个没人知道。苹果手机对于细节的要求堪称严酷，最后产品的

完美体现都是产品自身价值的实现，能干活、会干活，这就是企业的执行力。

苹果手机的创新性可以在每一部手机上完美地体现出来，苹果手机并非是触屏手机的开启者，但是苹果是触屏手机中最成功的。苹果手机给消费者的用户体验比其他手机好，这也是成为爆品的最主要原因。因为产品要想成功首先就得消费者的体验和事实的差距不大，苹果手机最重要的研究就是消费者需要的是一个什么样的产品，并以此推出了产品且满足了市场和消费者需求，这种创新源于直接的用户观察，很多人可能不是很明白。

现在的智能手机真的是各有千秋，各有特色，但总有一点让消费者比较郁闷，就是在使用一段时间之后就会出现手机卡顿、闪退，这真的会逼死人，若来电但是屏幕失灵了，就不能正常接听电话了，而苹果手机就很简单地解决了这个问题，没有比这个更加直观的产品使用体验了。

苹果手机一直在创新，商业模式的创新就是苹果手机在不断地和各种企业合作，使用过苹果手机的人都知道，苹果手机的iTunes是专门为音乐商推出的软件，这种多方品牌合作的方式也给苹果手机带来了相应的品牌知名度。苹果手机通过和每一个合作品牌相连的软件强化自己的产品，通过多元化的渠道让更多的消费者知道这个品牌，无形之中突出了自己的产品优点。

可能很多企业还是不明白苹果手机和普通的智能手机有什么区别，其实苹果手机不是简单的创新。苹果手机的创新，不仅仅是商业模式的创新，也是营销模式的创新，从产品的技术上看，苹果手机和其他手机是没有太大区别的，这就像麦当劳和掉渣饼，都是做饼的，但是麦当劳的企业核心是产品商业化，自带营销化理念，而掉渣饼就是简单地卖饼。麦当劳会拓展自己的加盟店，创新了企业经营模式。

同理，苹果手机也是这样，它之所以能够超越其他的手机厂商，也就是在于商业模式的创新，苹果自身就有技术创新，但是只有技术创新是不行的，所以苹果手机的成就是把产品的技术创新和产品的商业创新融入到了一起，这样苹果手机出售的就不单单是手机，还有商业的创新。苹果手机就是手机和电脑的结合，这也是对目标顾客的一个营销手段，很多商务人员都会购买苹果手机，因为这样的创新结合基本上就满足了商务人员的需求。

苹果手机不仅仅是智能终端，更是一个平台。每一个成功的爆品背后都需要一个相符的产品，苹果手机不但在原有的基础上加以改造，重视产品的创新，还开发了iPod，这个产品就延伸了苹果手机的后续功能，可以说也是爆品。苹果公司的几大单品基本上都是现在办公室白领的新宠儿，苹果公司的产品为什么一直没有人超越，就是简单的两个字："稳定"，这是其他公司所不能比拟的。

苹果手机产品链的契合是其他企业无法企及的，产品的内部硬件是其他产品所不能比拟的。现在已经有了产品技术上的挑战，这就导致了更多的产品竞争。苹果手机的供应链有700多家，但是这些产品的供应细节衔接得十分好，其实优质产品的每一个工序都做到了极致。苹果手机产品链完美的衔接，说明苹果手机最基本的硬件达到了，消费者的真正需求才会在这么短的时间内完爆其他智能手机，成为迄今为止的通信爆品。

苹果手机成为智能手机界的爆品在于意志力，企业的意志力是一种信仰，同时也是企业产品运转的灵魂所在。

现在很多人觉得苹果已经到达了顶峰，不会再增长了，接下来就是苹果的下滑期等等，类似的话已经不止一次地出现在消费者的视线里。在科技领域里，苹果确实取得了令人感叹的成绩，苹果手机甚至可以说“前无古人”了，但是，随着时间的推移，苹果要走下坡路的言论也开始多了起来，而苹果公司也大方地承认了这件事情。苹果手机真的就是没有了上升的空间了吗？答案自然是否定的。

一般说到苹果手机的增长空间，基本上就是出于一种饱和的状态，由于其高昂的销售价格，在一些相对比较低端的地区，消费者对于苹果手机是没什么兴趣的，综合来说，苹果手机的增长真的就是很难再实现了，因为已经在金字塔的顶端了，所以企业要换一种思考方式来看产品的发展。

接下来就是如何换种思维来看“精简产品线”。这也是乔布斯成功地将苹果从死亡线上拉回来的方法，乔布斯回到苹果的第一件事就是精简生产线，这会不会让苹果公司有增长的可能呢？

现在的苹果零售店仍然是世界上最赚钱的零售实体店之一，连锁店已经达到了400多家，如何才能把这样庞大的数字精简掉？不过这也不是要减少苹果公司的业务量，而是把更多的精力放在某一条生产线上，这在别的领域也是有先例的。

大家都知道通用动力公司在20世纪90年代的时候，公司的总收入已经达到了100亿美元，过了几年后，这个数字就降到了30亿美元，所以公司在开会讨论后决定对公司进行转型，集中发展其中的三个核心部门。虽然在转型的过程之中走过好几条错路，也吃了比较多的苦头，在进行转型的前五年，这个公司基本是负盈利的，但是通用公司有着坚韧不拔的意志，最终还是挺了过来，现在这个公司基本上一直保持着长期增长的趋势。

这就是一个很好的精简生产线的先例。回到苹果公司的零售问题上，如果把苹果公司的零售店砍掉一半，无疑是痛苦的，但是也不是没有理由的做法。目前的苹果都是以租地方来保持产品的正常运营，但是随着社会的发展，租地的有形资产占到苹果的8%，这对于苹果的总收入来说真的是高利润的付出了，如果看一下苹果手机的毛利率，零售企业也是呈下滑趋势的。

可以说，现在的苹果公司，拥有这么多的产品线，是很难被替代的，每一个部门都发挥了其最大职能，苹果手机现在所取得的成就和当时乔布斯精简生产线是密不可分的。

很多人提出过这样的问题："除了苹果，还有哪个企业是以设计为主导的啊？"是啊，为什么苹果对于设计的崇尚能得到消费者的心呢？大家喜欢苹果，很多时候未必就是因为它的设计，实际上，苹果手机和其他以设计为本的公司差不多，它真正特别的地方是，虽然苹果电脑开始进入市场的时候是依靠过硬的技术在众多的竞争对手之中脱颖而出，但是从乔布斯开始，就转为注重产品的极致外观及性价比，还有就是将消费者的体验和追求融入了电脑行业。

在传统的企业观念中，设计其实和营销是一样的，只是增加了产品对于消费者的表面吸引力而已。而苹果在成熟电脑的市场中，面对着很多相似的竞争对手，这就需要一个可靠的吸引消费者的方法。乔布斯把苹果

产品的开发放在了核心地位，设计师要全程参与产品的开发过程，这在当时是很有风险的事情，因为产品的成本增加了，但是产品却没有很多的变化，坚持了这么多年，乔布斯这种“重设计，轻技术”的体验让苹果公司在激烈的市场竞争中一直处于不败之地。

乔布斯采取了矛盾的设计理念，将复杂的、经典的设计推向早期的消费市场，给设计师们提供了一个直观又高雅的观念，并且潜移默化地给了设计人员在数字时代的欣赏设计理念。在乔布斯的领导下，苹果意识到，伟大的设计在制造工艺时必须有一丝不苟的精神，设计从来都不是单纯地选择材料，主要是赋予材料生命，当然最主要的还是要能给苹果带来利润。

也就是说，要生产出真正理想的产品，就是要把产品的生产材料活化起来，理解消费者的需求。苹果真正的不同之处就是各类人才的相辅相成，制造出与供应链管理和设计流程完美地融合到一起的产品。

苹果手机越来越符合工业时代的特征，或者苹果公司越来越像一家销售公司，而不是以前那个只有价值观的“艺术公司”。

工业时代的设计其实就是产品的手感，基本上就是这个理解，产品的手感好，给消费者的体验大于消费者对于产品的期望，这就是为什么每一款苹果手机都会成为爆品的原因之一，也是苹果公司自身的产品优势所在，毕竟品牌的力量还是很大的。另外，企业的不断创新是一个企业立于不败之地的根本原因，也是一直打造出爆品的根本所在。

|案例3|小米，从爆品出发的全生态链

小米为发烧而生。

小米从成立到现在一直是业界关注的焦点，小米的成立基本上搅动了整个消费科技行业，让很多的消费者了解了性价比的概念，更好地把软件和硬件结合，生态系统的高频和低价的结合。

小米前期就是做手机的，开始的时候做的是小米手机一代，当时的售价是1999元，但是硬件的配置比较高端，直接就将国内的手机市场拉到了一个拼配置和低利润率的竞争中，然后就是利用系统的优势把产品的价格拉回来，紧接着就是小米手机被疯抢，一时间就成了爆品。在这期间不管是小米手机的价格炒作，还是小米手机的饥饿营销，在当时就是小米手机成功地吸引到了消费者的眼球，使小米手机成为家喻户晓的手机。

近几年来小米公司主要就是在发展产品的生产链，现在的小米是一个生态链企业，这些生态链就是严格按照小米模式衍生出来的。很多企业觉得发展生态链就相当于在自己的后院子里面挖一个金矿，不仅可以推高企业的估值，还能辅助产品在智能硬件里面走出一条独占优势的道路。

小米生态链负责人刘德说："这个生态链是个非常微妙有趣的生态系统，有共同利益还有自己的私利，在不同领域做不一样的事情，还要保证所有产品都符合小米的风格，品质达到小米的要求，更何况这还不是小米自己的队伍。"但在传统家电企业看来，这是一群搅局者与资本玩家，因为如果套用传统的产品运作模式，以小米所说的高性价比，要获利就像是天方夜谭。

小米生态链计划的实施是在2013年下半年，当时的产品基本上就是本着"万物互联，智能硬件"的开发，但是如何能让自家的产品跨过这个问题展现自己的优势呢？这个时候小米公司的工程师已经有2000个，全部集中在小米当时打造的爆品手机上面，基本上没有精力再顾及其他，而小米公司明显地感觉到了公司的模式在变大，但是做事的效率明显低于前期的创业小团队。

小米生态链计划的最初目标就是通过投资的方式，创造出一批比较生猛的创业公司，这完全就是小米的优势所在，还能帮助一些创业公司在他们各自的领域取得领先的优势。确定了这个想法，小米公司就开始实施这个计划，2013年底，小米公司开始从自己的公司里面抽离出了创业初期最早的一批工程师，从两三个人创立一个团队起步，就这样建立起了小米手机生态链的投资团队。

这个创业团队和普通的团队不一样，因为一般的投资人都是一些高富帅类的有钱人，但那时小米的投资团队没有任何的背景，就是企业里面的一群工程师和设计师，但小米坚信这个团队就是黑马团队。

虽然这个团队的人数不多，但是每一个岗位都很重要，技术能力、协调能力都很强，这就是这个团队给别人的印象。作为前期的联合创始人，专业背景是与工业设计和供应链的管理相符合的，而这就是早期的智能硬件团队最重要的两点。生态链的投资就是由小米公司输入做产品的价值观、方法论和已经具备的资源的整合，包括现在已有的电商平台、营销团队、品牌的价值观，小米就是围绕这个建立起了一个比较优势的团队。

其实，这个生态链产业就是复制小米的模式。通过复制小米模式，让更专业的团队打造更高效、专注的企业，制造出更多高品质的硬件产品，就可以很简单地进入智能手机时代，跟智能手机紧密有效地结合在一起，进而增加小米的安全感。打造这样的团队需要的就是一个过程，就如普通的传统公司的发展像一棵松树一样，需要慢慢地一步步长大，需要的时间比较久，而小米的互联网公司就像是竹子，在一夜春雨之后就会长出来，就可以成长为中等以上的规模了。

唯一担心的就是竹子不是安全的植物，它是喜欢群居的植物，单个成长可能会在新陈代谢中死掉，所以有了成片的竹林就会使根部紧密地相连，小米的生态链就是这样一个投资。这种公司的优点是具有很强的自活性，有了小米公司做后盾，新企业完全可以自己完成新陈代谢，茁壮成长，这也具有相对的安全性。

前期的小米一直没有找到合适的创业团队，而小米的特点就是以产品上市的时间为开始，倒推整个研究、制造的过程。冬天是空气净化器的销售高峰期，2014年初，小米生态链还是没有找到合适的人来做这件事情，这就意味着小米公司可能会错失这一年的市场，没办法，小米生态链创始人刘德就只能找熟人来帮忙。

在寻找被投资的团队过程中，小米公司在锁定进入新领域上遵循着：特定的市场领域要足够大，这样才能发挥好在互联网时代的人口销售模式；另一个就是在这个销售市场之中，相关产品存在的价值、性价比和品质严重不足。一般的产品都具有可消耗性，主要是确保这个产品可以在市场上长久地被关注，产品的用户要符合小米粉丝的特征，这主要就是利用小米平台来引爆产品。

最后就是产品的技术要过硬，要采用专业团队来做专业的事情，像小米手环的研发就是一个手机团队打造的。产品的价值要和小米有一定的价值观，要稳定地赚钱，不要做一些盲目赚钱、快速而不稳定的产品。

小米初步定好的标准，主要是应对市场上的大众消费用户，在现在的互联网市场中，不太适合做一些小众的市场品牌，在比较成熟化的经济体系里面，每一个种类的产品都会有几个企业垄断市场的一大部分，而小米想做的就是以合理的价格和好的产品质量，让一些处于中游企业可以很好地发展，这样就不会出现市场乱价和饥饿营销的情况，从而市场就会相对地稳定下来，慢慢地成为国民企业，而剩下的一部分就是奢侈品和具有特色的细节产品，这就是小米手机做生态链的全部思维模式。

小米要考虑采用什么样的理论来驾驭生态链的体系，这是小米最核心的思想。最后确定了要把“精准选择”和“小规模的团队”两者结合起来，成为了小米的生态核心的方法论，主打精准的消费者群体，具体是指小米形成的单品爆品，海量销售的精准定位的思维模式。而传统的企业则是打造很多产品，总有一个产品符合消费者的需求。

但是小米主打就是精准的产品，在打造产品之前首先要进行市场调查，知道用户最想要的是什么样的产品，精准定义产品，满足大多数消费者的基本需求，打造一个成功的单品爆品，这样的企业就会在爆品的带动下慢慢地被关注，流量变多了，企业也就慢慢地成功了。精准了消费者的需求，就是为产品奠定了一个最大的基础。

小米的生态链投资团队的人数在慢慢地增加，工作量却很饱和，这就说明企业在成长，有需求才会成长。其实小米也是一边扩大自己的企业，一边不断地根据需求修改，虽然拥有前期的一套完整的方法论，但是时代在发展，产品的发展自然也就很快，所以投资的逻辑思想也要跟随这个发展不断地进行调整。这个时候，小米开始了调整自己的生态朋友圈的扩张力度，以及发展的步调，小米现在觉得要放缓投资的速度，投资的方向也有了很明显的变化。

小米开启了智能硬件之后，生态链投资了近30家团队，其实就是慢一点地发展了小米的活性小团队。当初按照小米的生态链发展的创业公司，迅速地成长壮大了，其中发展最快的一批已经有了小米生态的雏形，一些公司的后期发展慢慢地可以和小米有着一样的主流用户群体。

现在的小米生态链企业已经有几十家，分别做着不同的事情，谁也不知道哪一个生态链企业会打造一个千万销量的爆品。其实公司的发展比想象中的要快，因为小米生态链企业包括了很多的科技，除了投资的方式不同于传统的投资以外，消灭生态链的退出机制是一样的，这样就把生态链的投资看成了战略结盟，这是企业发展的催化剂。

当生态链成熟了以后，就会被其他的公司买下，小米公司也是很愿意的，就算成为创业起步的公司抑或是把小米生态链几个公司合并在一起，成就一个相对有影响的大公司，小米也是没有意见的。

理论上小米是不干预这些公司的未来发展趋势的，因为所有的公司已经是独立的公司了，明白地讲，小米做这些公司是不光以投资回报为目的的，让这些公司跟小米公司之间有联系的价值，大家一起做产品，把产品做到最好。因为小米品牌给消费者展示的高性价比、低价格的形象已经根深蒂固了，因此有很多人认为小米生态链企业造就的产品是不赚钱的公司，实际上小米的生态链企业已经有很多开始盈利了。

小米生态链创始人刘德也说过："小米生态链产品并非零毛利，实际上仍然有利润。那么其利润空间来自哪里呢？这是因为小米利用全球资源优势帮助这些生态链公司提高它的效率，比如它的供应链优势。当一家公司的年流水在几百亿的时候，一定会牵动全球的供应链体系，一家小公司之所以产品很贵，就是因为它的供应链没有理顺。小米用我们的供应链优势能让十几家小公司瞬间有几百亿的供应链能力。"

这些生态链的增长尽管看起来很快，但是小米还是有很多担忧的地方。过去小米手机的销量一直在疯狂地增长，小米官网的流量很大，产品的流动性比较强，拉动了产品的内需，带动了手机周边产品的销量暴增。

现在小米手机销售的增长速度放缓了，这些周边产品如何继续保持产品的增长呢？小米风格的本质，跟随着消费者对廉价产品的追求，但是若一直顺从消费者的心理走下去，走多远，企业产品的风险就有多大。

小米生态链其实就是硬件的腾讯模式，这种模式潜在的意识：强调和重视低端消费者的需求，利用互联网信息整合的先天优势，判断消费者需求的代表性，继而推出这个产品打造爆品，这就是用户基数，就是服务于消费者的产品，生态链就是建立在销量服务之中的。

不管评价好坏，总之现在的小米是风生水起，小米的硬件是一个极致的用户体验，性价比高，也抢占了市场，但是小米生态链的核心还是软件，利用了互联网的优势。小米生态链表面上是一整套的智能家居，但从深层次看是一个符合现在消费的商业模式。

|案例4|步步高点读机，从鸡肋到不可取代

提到步步高点读机，大家都会想到“哪里不会点哪里”。

步步高自成立以来，产品的业绩稳定增长，从当初的一家夫妻店，到现在已成为过百亿元的连锁企业。步步高的高层曾经表示：“这得益于长期贯彻的多业态发展战略，通过‘超市+百货+电器’的多业态经营模式，使公司能够根据市场情况，对主营业务进行优化整合，从而达到提升盈利能力的目的。”

自1995年9月步步高在广东建立以来，到目前为止步步高已经能与一些高端的品牌行业并列而行了，也是中国最具有价值的品牌之一。现在的步步高旗下已经不单单是青少年使用的点读机了，已经发展了多条产品线试听产品，如DVD；通信产品，如音乐手机；教育电子产品，如学习机；生活电器，如电磁炉。

到底是什么使得步步高可以发展这么快呢？是消费者对象的选择、企业的管理机制抑或是经营战略？

其实，首先就是步步高准确的市场定位。大家对于步步高的第一印象

基本上就是那个小女孩做的广告，企业把这个点读机的目标群定为学生，这个广告可以说是步步高成功的一个重要宣传。因为当时有社会需求，家长已经开始重视孩子的学习问题了，正好这个时候步步高推出了点读机，解决了家长们不会辅导孩子的问题。

再加上电视广告的大幅度宣传，慢慢在人们心目中就留下根深蒂固的印象。在当时还没有一个企业考虑这个问题，所以步步高点读机就垄断了市场，成为一款炙手可热的产品，也符合当时消费者的需求。

自品牌建立以来，步步高就秉承着保证顾客满意的经营理念，始终强调要保证产品的质量。让顾客买得放心、用得省心，这些简单实在的思想，不断地满足了消费者的需求，取得了消费者的信任。步步高之所以能够取得持续、高速、稳健的发展，是因为产品的定位准确，明白自己的产品处境。所以步步高选择走中小城市的发展方向。

而事实证明这种方向是正确的，通过在二线、三线城市的发展，步步高已经积累了扩张的资本，更是给产品积累了丰富的经验和实力，这一切都成为步步高成功走向市场的最大推力。

经过十年在市场上的摸爬滚打，步步高这一民族商业连锁品牌，在市场上的影响力和辐射力在逐渐地加强。到2016年，步步高已经成功地成为全国第一家跨省的超市采购联盟一员，紧接着又成功地加入国际最大的自愿连锁组织IGA。由于与国际平台接轨，步步高的品牌力度在不断地增强，获得的资源渠道也更加广阔。

这么多的成功，源于步步高不断的坚持和提高企业的精神与文化。观念主导行动，行动养成习惯，习惯形成品德，品德决定出路，这就是步步高激励员工提高个人修养的理念。而这个理念也一直在影响着步步高的员工，使得步步高一直紧跟时代的潮流。

步步高在经营和发展的同时，一直在坚持自己独有的特色，即保证让顾客满意，善待自己的员工和消费者。

步步高一直在尝试实行职业经理人制度和股份分享制度，这些制度的实施，为步步高留住了英才，为公司的扩张奠定了人才基础，完善了企业结构。这样，员工就会主动地为企业卖力，这一系列的福利措施就是为了保证员工们能够全身心地投入工作。尊重知识和人才，也让步步高公司拥有了良好的社会声誉和人才。

步步高团队在事业壮大的过程中，肩负着社会责任和应遵循的市场规则。步步高企业也曾表示“增长必将成为步步高的一种常态”，步步高很明确地要成为中国南方最优秀的区域零售商，并为此一直加强企业的管理，加强公司的规范运作，让规范成为步步高团队的内在品质和文化底蕴，也将是企业团队的道德观、价值观。

步步高稳固好自己的基础之后，紧接着就开始拓展区域市场。现在的社会发展已经开始了对外开放的零售市场了，所以步步高也加快了自己的发展步伐，慢慢形成了一个大中小相结合的多种业务发展的商贸连锁网络。

对消费者的服务方面，步步高已经开始对物流配送中心的建设，巩固和发展战略合作关系。物流的配送是消费者比较关心的事情，也是网络事业的一个催化剂，建立一个强大的配送网将更好地整合供应链，优化资源配置。

现在的步步高总部新建了一个现代化的物流园，它将进一步完善步步高的网络优势和物流结构，强大的物流投入和建设将把商品更快捷地覆盖到更多的门店，并且促进公司的经营管理向现代化转变。

根据扩大规模的需要，未来步步高还将建立一个全面的大型整合配送中心，并且新规划了物流发展方向：现代化、专业化、规模化。

由于步步高明确的发展方向以及独特的经营理念，已经和许多国际大牌开始了合作关系，接下来的步步高将迈进更加广阔的资本市场。资本是企业发展的根本，合理地运用和扩大资本市场需要企业不断地规划好自己的规范，诚信经营，提高企业的信任度。

不得不说步步高前期的成功是靠步步高的点读机带来的，因为在前期市场不饱和的时候，企业成功地为自己的品牌打造好了口碑，这个点读机的推出也是比较符合当时的市场需求的，能够成为爆品一直到现在也是有自己的一套执行方法的。

很多人说现在的步步高没有当时那么火了。其实，现在的步步高点读机在国产平板销售之中出货量第一，利润已经达到了10亿元人民币，这个数据剖析出来是惊人的。

步步高的教育平板是群体性非常集中的，步步高点读机现在有两款产品，一个是步步高点读机，适合于5～10岁的小朋友；还有一个就是步步高家教机，主要就是针对10～18岁的青少年。步步高面对特定人群，提供的也是特定的产品内容，这个和普通企业生产的娱乐性的平板是有本质上区别的。

步步高自己也阐释过这个问题：“步步高的硬件成本并不是太高，但

每年内容的投入大概有一到两个亿，用于购买书籍题目版权。目前步步高有400人的内容制作团队，搜集市面上所有的题目，将它们录进家教机里，今年已经解决了5亿道题。”

步步高产品的快速发展，也是根据时代的发展变化而成功的，步步高产品正好抓住了正在崛起的教育市场。

根据腾讯课堂发布的《2014年K12教育市场分析报告》显示，2014年中国K12教育的市场规模达到了2549亿元，年均花费高达5121元/人，其中辅导机构更是占到了整个市场的21%。

步步高平板也在不断地改善自己的产品，现在的步步高教育平板已经不单单是一个单一的硬件，它还能够快速地解决学生的课题问题。步步高的负责人也介绍了步步高的在线指导老师现在已经有5000多，学生们不会的试题可以拍照传到后台给老师解答，步步高会按照题目的回答量给老师一定的提成。

这就是步步高企业针对学生群体的特征进行的设计，后期的产品改进也给步步高设计了不少可以增进产品与使用者之间黏性的功能，如游戏功能。这个方案提出时是有很大的争议的，因为这个平板主要就是给使用者学习用的，担心在里面添加了游戏会影响到学习。

为了更好地平衡这二者之间的关系，家长能爽快地掏钱，又能让学生使用得开心，步步高做了一期实验，就是在销售的时候把游戏版本删除，但是这一期的产品销售量就开始下滑了，所以后期的步步高为了解决这个问题，就做了一个兴趣激励的设计：学生根据学习效率来赚取金币，然后才能继续玩游戏。就是这个设计收获了很多家长和学生的心，也使企业获得了很大的收益。

随着企业产品的增进，代言人也随之更换到大众喜欢的明星代言。步步高请了青少年组合TFBOY作为产品的新代言人，在中国二、三线城市拥有大量粉丝，这也说明步步高的营销手段定位比较准确，符合这个年龄段的需求。

与此同时，产品的销售渠道也一直在拓展，所以说步步高的成功是可以理解的。从开始的艰辛到后期的成功，这中间的辛苦也只有步步高知道，而在前期他们也有定位失败的时候，后来在市场的强烈需求下，产品才有了今天这样准确的消费人群和渠道优势。

开始步步高作为一款学习工具，它的设计初衷就是为了解决孩子在学习过程中遇到的问题，但是随着社会的发展、科技的成熟和内容的逐步完善，步步高的功能也在不断增强，很多的消费者也在逐渐接受，并且深受广大家长们的青睐。

步步高在成功的路上对于产品的改进也是十分积极的。首先是发展到现在的一体化的童观式的设计，这样的设计比较符合现在社会的发展，一体化的设计比较方便，在使用的时候比较舒适；其次增加趣味面板学习，增加彩屏的显示，让学生们更有兴趣学习。

当然改进的不只是产品的外在，还有产品的内在，如开始了课本点读，主要就是让课本比较有吸引力，就像广告一样，哪里不会点哪里，让孩子学习更加轻松。

步步高点读机还和著名的动画合作，将喜洋洋和灰太狼的故事结合到学习中，这样就更增强了学生们的学习欲望，用孩子比较喜欢的动画人物

和故事情节来激发学习兴趣，让孩子的学习更加主动。

有时孩子不会的题目家长也不会，这个时候就需要电子老师的辅导，所以步步高点读机又改进了人机对话，采用了先进的语音识别技术，通过人机对话的功能，来鼓励孩子大胆开口，让孩子敢于和别人交流。在这个基础上又添加了课本的知识和测试题，让孩子在互动中把题目做好，完成课本的测验，并且有分数，在巩固基础知识的时候，让孩子感受到自己的进步和学习的乐趣。这对于家长也是一种很好的帮助，解决了家长不能辅导孩子学习的问题，还能准确地给予孩子正确的学习方向。

近几年来，英语基本上普及了，学生们对于英语的学习是有困难的，家长们也担心自己的发音不准，误导了孩子，而请一个英语家教的代价又太大了，步步高点读机就为广大家长们很好地解决了这个问题。

此外步步高点读机还采用了人教、外研、牛津、北师大等各大出版社的原版英语，就是磁带教学，发音比较标准，而且升级了互动教学，让孩子们更加喜欢学习英语，家长再也不用担心自己的发音不准确误导了孩子。步步高还通过了中国教育学会外语专业委员会的权威语音认证，发音可信赖，适合孩子学习模仿。

在学习英语的时候，光听着模仿对于孩子是容易忘记的，所以步步高点读机又改进了自己的产品，添加了语音识别的功能，就是孩子在学习英语的时候，听到之后要自己模仿读出来。孩子英语发音不标准其实是因为孩子听得不清楚，步步高点读机采用了特殊的变速语音技术，可以放缓速度来读，这样孩子就可以听得更加清晰、模仿得更加准确，家长也更加地放心。

步步高采用的是全频的喇叭，内置了独特的音腔，音质比较清晰，音色纯净，对于英语的发音，那些连续的、爆破的句子和单词，可以完美地为孩子展现出。然后根据家长辅导的优势，设计了家长模拟老师的授课，还有每一节课的重点解析，可以决家长为孩子辅导不会的地方，促进了孩子与家长之间的情感交流。

步步高还增加了一些动漫学习、趣味学习、视频辅导、知识问答，还有一些诗词故事，让孩子多增加一些课外的知识，享受学习带来的快乐。轻松的学习方式会给孩子一个比较好的开始，步步高比较全面的设计，在前期很好地帮助孩子培养一个比较好的学习习惯，让孩子们养成主动学习的好习惯。

步步高点读机还设计了自动播放课文的功能以及英汉词典。这些全面的设计给了孩子更好的学习理由，也解决了家长辅导的问题，总体的设计就是为孩子建立一个比较好的学习氛围，提高孩子的各项能力，让孩子使用得舒心，家长放心，这是步步高点读机一直以来最大的心愿。

步步高的成绩肯定也不是一天就能达到的，这期间的努力和心酸，只有他们自己知道。步步高成为爆品，垄断平板市场也是正常的，因为产品的成功经过了无数次的改进，一次次根据消费者的需求而改进自己，而不是像现在一些比较商业化的产品，很多都是根据产品的需求来改变消费者。

当初的步步高也是一个很鸡肋的产品，但是经过了十几年的改进，成就了现在的步步高，可能很多人并不是很了解，但是不得不承认这十几年来步步高一步一步走来的成就，还有它一直在改进的产品，现在的步步高点读机可谓是非常完美的产品。

当然步步高的成功不单单是自身产品的成功，还有产品之外营销的成功，销售渠道的成功，这些也是步步高在成功路上非常重要的因素。产品的自身优势体现出来之后就是产品的外在成功，这样才能打造一个时代的爆品。步步高产品的定位也是成功的，定位目标群为学生，这是步步高这么多年来没有改变的方向，所以步步高的成功也不是一蹴而就的。后期的产品改进也是很重要的，还有产品的营销渠道，这些算是步步高在成功路上的重要发展战略。

步步高在电视上投放了广告，让更多的人知道了这个产品，步步高广告的投放也是有选择的，就是选择了一些教育事业正在起步的区域，投放广告的频率比较高，这是很明智的推广方法。

知道自己的市场方向才是一个产品坚持下去的动力。十年来，社会一直在变化，时代在前进，所以产品的改进是必然的，步步高的产品一直在改进，一直在做最好的产品，消费者能看出他们的认真程度，现在的步步高代言人是大家熟知的少年组合，这就是明星带动了产品效益，让很多的明星粉丝也开始关注这个产品。

再说一下步步高企业的产品，现在的教育事业发展飞快，每一个地方的教育情况都不同，教学的题目也不一样，所以步步高基本上就是每一季都在升级自己的题目量和优化题目的质量，如此庞大的题量，再加上源源不断的产品供应，吸引了大量需要刷题和需要寻找答案的学生。

步步高的做法直接点说就是“简单粗暴”，对于题目的收录就是凡在各地的中小学学校公布的题目一律录入，教学参考书上的题目一律录入，并且还有用户在线提交问题的补充，这些就是步步高可以火爆这么久的原因。根据时代的变化和消费者的变化来不断地调整自己的产品，以此来满足消费者的需求，这样的企业真的是为消费者服务的。

步步高的成功不仅是一个简单的产品生产的过程，更是一个产品历练的过程。

| 案例 5 | 锤子的匠人精神

最近几年，通信产品的推出越来越多了，也就导致了产品之间竞争越来越激烈。但还是有一些手机成了红极一时的爆品，当然也有一些手机就这样湮灭在众多的同类产品之中。

很多手机成功的同时，也带给人们一些看得见的精神，比如大家都不陌生的锤子手机，锤子手机是具有匠人精神的手机。先不说这个手机如何，来看看锤子手机带来的匠人精神是什么吧？

罗永浩在推出锤子手机的时候，就说过这个手机具有一种精神，就是匠人精神。看看罗永浩对于锤子手机的最新说法：“工匠精神这个想法，最早是源于设计锤子手机LOGO的时候，LOGO上面有一个锤子，代表的就是工匠，锤子手机就是根据这个来讲匠人精神。”

反复地提及这个工匠精神，大家可能会觉得这只是一种营销手段，其实也可以这样说，这就是“情怀营销”。其实，营销不是一种骗人的模式，而是一种发挥自己产品优势的渠道，这就是产品的故事打动了人心，引起了消费者共鸣，不会只看产品的配置问题。

其实，匠人精神并不是我们这个时代所特有的，在传统的意识里面，这个精神档次不是特别高，虽然中国已经是工业国了，但还是缺乏对工匠精神的重视和尊重，而在别的国家，都是非常尊重工匠的，可以说和艺术家、作家有同等的地位。很多人说中国现在处在一个缺乏工匠精神的时代，社会整体比较浮躁。

而罗永浩却不这样认为。他说：每一个时代都有一个时代特有的浮躁气息，这就好像每一个年龄段的人都有这个年龄段的想法，这并不是时代的浮躁，而是我们国家一直就没有工匠精神，而缺乏匠人精神就是现在这个时代特有的问题。

与此同时，中国人在不断地进步，对于品质的追求也一直在提升。从传统的手工业到现在规模化的生产，经济在发展，消费者的品质观念也一直在增强，只是国产的一些产品并没有达到消费者的需求，在坚持匠人精神的过程中，肯定比选择别的道路要艰辛。

罗永浩说当初选择这个产品的时候，所有的人都不认可他，他说："那个时候的自己真的就是在别人的嘲笑和不理解中过来的，还有就是自己不是专业的科技人员，还要做这么专业的手机，几乎没有人觉得会成功。"

锤子手机的团队组成是很简单的，就是大家常说的那种"事儿逼"组成的团队。现在这个社会奉行的是"差不多就行了"，这就是现在社会很多人的生活态度。而罗永浩说自己最讨厌的就是听到别人说"认真你就输了"。他说自己喜欢一些比较正能量的价值观和人生观，工匠精神不是那种晦涩的概念，而是积极向上的，在中国人的意识里面很少见的，相对也是比较可贵的精神。

简单点说，工匠精神就是代表着“对细节和完美的无限追求”，这其中包含着坚韧不拔的态度。而锤子公司的内部基本上没有人提及这个工匠精神，因为大家的想法不谋而合，已经没有必要再去诠释和宣传这个词语了，只是消费者们并不知道这个词语的真正意思，所以在宣传的时候，需要大家去体验。

罗永浩曾经说过：“自己不是很喜欢高性价比的东西，因为这样的东西，很多时候是需要放弃过多的品质要求，自己也不喜欢奢侈品，感觉自己的品牌内需拉动得太过分了。一个品牌的价值高，所以制造的产品比较昂贵，而很多品牌产品的品质并没有达到所谓的极致。”

做产品，不能因为品牌的名声已经打响而降低产品品质。锤子手机的定位本身就不是高端手机，是一款中端手机，是一个不过分注重品牌优势，把自己的产品优势都发挥出来的产品，很注重产品的细节问题。多方面的体现，让消费者更倾向于消费产品的品质而不是品牌，所以罗永浩推出的锤子手机可以说在国内掀起了一股工匠精神的传递。

罗永浩说：“正常人理解的工匠精神就是手艺人，而我们企业所坚持的是对于产品的精雕细琢和精益求精的精神。”这其实就是消费者和制造者持有的不同想法。中国的企业已经随着时代的发展而大力发展，在互联网时代重提这个精神，并不是在往回走，这是一种态度，一种传承，一种坚持。这种精神的坚持就是对产品的肯定，消费者对于产品的品质要求越来越高了，品牌的力量也在逐渐上升。

锤子手机的最新工业设计就是M系列，把安卓手机设计得像苹果手机，外观很像苹果手机，锤子公司考虑了很久之后，还是决定使用和苹果手机相似的外型，“不能为了不一样而不一样”。在这个设计中，就是延续了罗永浩的工业设计，这个细节做得非常完美，还有就是添加了一个非常人性化的设计，即背光的设计，就是为了解决晚上睡觉时给手机充电却怎么也插不进去的问题。

另外，材质上也有很大的不同，罗永浩采用了市面上还没有使用的材质：镜面不锈钢的工艺。这个就是不想让自己的产品和别的产品一样，让自己的产品更加出众。

最重要的就是产品的硬件配置问题，锤子手机增加了强大的单核处理器，摄像头的设计使用了索尼的最新技术，并且自带美肤和专业相机的模式，还有电池方面也是增加了容量到最大，算是居于旗舰店手机质量的首位。与此同时，锤子手机在软件上也对手机的能耗进行了多处优化，包括对齐唤醒、后台进程监控、第三方程序自启动控制、对GPS进行智能监控等措施。

可能不会马上成为爆品，但是它的品质在这里，只要朝着好的方向走，坚持着开始的匠人精神而一路走下去，终究会成功。锤子手机一直在改进，把自己的产品做到最好，其实锤子手机的初衷就是让普通的消费群体可以消费起高质量、低价格的产品，让消费者对这个产品的事实体验大于对产品的认知。

当然，锤子手机也有成本的限制，基本的价值需求是固定的，现在的锤子手机还不可能把自己的产品以更高的附加值销售出去。所以，这个锤子手机在追求工匠精神中也有很多的价值受制于成本。

很多产品都是瞄准人的务实需求，即选择高性价比的产品，其实做什么产品都正常，只是以不同的方式去满足消费者的需求。产品是否能成为爆品，虽然和后来的产品营销推广也有很大关系，但是匠人精神是产品最本质的核心。

虽然罗永浩的锤子手机没有超越自己本身，但是让更多的消费者了解到了这个产品具有的精神，这是一个企业应该具备的，在制造产品的时候，需要有踏实和认真的态度，不改变自己的最初信仰。

大家经常听到这样的话："知识就是生产力""知识就是力量"。其实这话是不准确的，单纯的知识储备不会成为生产力，更不是力量，只有将这些知识运用到实践中才有可能成为生产力和力量。

成功真的没有捷径，每一个成功者背后都是艰辛的，就像每一个爆品的背后都会有一个比较艰苦的开始。而人们好像只看到了成功时候的辉煌，没有看到当初企业的不懈坚持和产品的不断改进，其实工匠精神也是成功的原因之一。

现在的企业很少具备这种坚韧不拔的精神，这个时代就是比较浮躁，缺少匠人精神。时代的发展需要匠人精神的存在，工匠精神简单地说，就是把产品做到极致，因为细节决定成败。

|案例6|大疆，无人机中的战斗机

提到大疆无人机，好像没有太多的人知道这是什么，只能理解到字面上的意思，就是无人机。但是这个无人机是用来干什么的，有什么作用，很多人貌似不是很明白。

2015年年初，汪峰在章子怡36岁的生日上，通过无人机送来了一个求婚钻戒。这个娱乐信息的爆出，瞬间引爆了社交娱乐网络，而这个无人机就是大疆的无人机，这也使得很多人知道了大疆无人机，而大疆无人机也成为各大网络热议的话题。

大疆创新科技公司成立于2006年，是全球领先的无人飞机的研发和生产商，客户基本上是遍布全球。在不断创新的过程中，大疆已经推出了目前性能最强、体验最佳的革命性的智能飞控产品，并且还将提出无人机的制造问题和解决方案。

大疆也不是很简单就成功了，在开始的时候，大疆的实验室就储备了未来两年最新无人机的科学技术，并且根据这个实验原理添加了自己的想象力和创造力，使这些创新的技术融入各种产品里面，进而解决了实际工业和商业中的各种问题。在后面的发展道路上，也一直坚持在原有的基础上创新，还有就是自己的原创理念。

无人机的价格是稍微贵一点，但如果你知道它的品质和使用的方便性就不会觉得价格是问题了。大疆对每一个无人机的研发和规划都是十分卓越和严苛的，大疆坚持做到每一款产品都优于同类，做更稳定的性能，更强大的内置。而大疆在一步一步走向成功的时候，并没有忘记产品的推广和企业文化的宣传，也是坚持和产品品质一起创新的理念。就是整个企业都给消费者呈现出一个极具创新的坚持原创理念，不断地改进自己的产品文化。

大疆开始是为了制造出顶尖的飞行平台和摄像系统的自主研发制造，但是随着技术的领先以及一些尖端产品的发展，逐步推出了各种飞行产品，这不仅填补了国内多项飞行技术的空白区，在国外也取得了在同行业内的领先地位。从这以后大疆就以“飞影像系统”为发展核心，主要就是给一些热爱拍照的发烧友提供全新的飞行感官体验，使得无人机的使用更为广泛。

2015年底大疆推出了一款智能化的农业使用的无人机，这是大疆正式进入农业无人机领域。而这款无人机的设计实现了防尘、防水，最重要的是防腐蚀工业设计，大疆还配备了强劲的硬件系统，节省了很多的人力资源，它的工作效率比人工要快40倍。

现在的大疆已经涉及很多领域了，并不单单是开始的航拍拍摄，目前涉及了农业、电力巡检、地理测绘、巡视监控、警用反恐和一些应急救援。这些功能的成功使用，也使得大疆在无人机的领域中一度成为爆品。

看一下大疆无人机相比同类产品的优势，首先就是无人机的相机功能，因为无人机开始就是为了摄影而制造的，所以相机的像素算是无人机中比较重要的设计，不管是哪一款无人机都配备了每秒60帧的1080p高清录像，还配备HD的高清相机。

消费者对此可能不是很理解，但是大家应该都知道2013年广东的特大水灾，赖昌彬就是操控着自己的大疆F50飞跃山头，传出了最新的灾情图像，为救援活动提供了很大的帮助，缩短了救援时间，所以无人机的研发对人们的生活有非常大的帮助，不管是在生活上，还是在未知的探索中，无人机实现了人类实现不了的探索。

大疆无人机一直在创新的就是飞控，无人机在空中飞行，最重要的就是稳定。在恶劣的环境之下，要如何保证无人机顺利地完成工作需求呢？大疆不断地在升级这个问题，首先增加了三轴云台系统，这样就提供了比较专业的信息传递，这样不管在什么时候、什么条件都可以传递清晰稳定的画面，还有GPS的添加，确保无人机不会在恶劣环境之中迷失方向。最后还配备了全新的室内视觉定位系统，内置了超声波传感器来感知地面的相对高度，实现了准确定位平稳悬停。

大家应该还记得2016年的重庆森林大火，一连烧了九座山，火势凶猛得消防人员都接近不了，这个时候只能采用无人机进行侦查。而大疆就使用了最新的无人机侦查，在距离地面1500米的高空检测火势的走向，给消防官兵带来了最佳的救火时机。试想一下如果没有无人机的检测，会造成多大的损伤。

随着时代的发展，信息科技的发展也比较快速，对于无人机的创新

也应该大胆地进行。现在大疆最大的一个卖点就是使用安卓手机控制无人机，并且可以控制和跟随目标，在使用上已经超越了同类产品。面对竞争越来越激烈的市场环境，智能化也会是大疆对于自身产品的又一种补充。

大疆现在已经不满足于对国内市场的供应了，已经转战国外市场了。大疆无人机，首先就进入了国际化的影视市场，这对于产品是具有很大优势的。因为在影视节目中，有利于产品的宣传，即使没有很大的宣传，在观看影视剧的时候总会有观众对这个无人机感兴趣的，这样自然就可以提高大疆无人机的搜索度，还有就是流量的产生。

大疆在国际化的舞台上，最具划时代的改变就是2014年入选了《时代》，一举成为年度十大创新工具，在十大科技产品之中，位列第三。接下来，大疆自己也没有想到，自己居然进入了好莱坞，在国内大肆流行的美剧《摩登家庭》第五季里面，就有大疆无人机的剧情发展，并且成为本季一个重大的笑点，这也使得大疆的无人机签约了更多的好莱坞大剧。

现在大疆无人机的发展还是大距离的进步，但是也意识到同类产品迅速增多。不过没关系，大疆有自己的创新意识，本来就是靠着自己的原创和创新走到现在，在这个时期自然也会有自己的规划。

首先是大平台的开放，在“奇点峰会”上，大疆首先提出了可以开放平台寻找合作伙伴，即可以在大疆的基础上开发自己的无人机原理，这对于想做无人机的企业是一个比较好的平台，想做无人机的小伙伴赶紧尝试一下吧。

在售后服务方面，很多人使用之后发现了问题，或者是旧了，使用效果不佳了。大疆对于这种售后问题，也可以说做到了极致，提供以旧换新的服务，这对于长期使用无人机的消费者，可以说是非常完美的方案。企业考虑到消费者需求，在回收价格方面，则是根据产品的状态调整为一周一次。

现在消费者应该明白了为什么大疆从上市一直是爆品，因为从大疆销售第一架无人机开始，消费者就能感受到大疆对于产品的严谨，以及对细节的处理，是多么符合消费者的使用需求，而且在消费者使用的过程中，根据消费者的使用反映不断地改进和创新，最重要的就是完善产品的售后服务，给消费者展现出最完美的无人机性能。

|案例7|优衣库的快销神话

现在社会发展快速，一些时尚品牌也跟进了这个“快”。而快时尚品牌强大的购买力，曾经一度被称为“是中国服装零售市场的一颗救心丸”，强烈地冲击着中国传统的百货市场。

以优衣库为代表的快时尚品牌，通常是不会入驻中国传统的百货市场的，而是在人流比较密集的地方，或者就是一些购物街和百货商店的附近，主要以价格低、时尚度高为卖点。过去这几年，可以说是快时尚集中发展比较快速的阶段。

每年的双十一可以说是每个企业比较关注的节日，因为在这天，不管是什么企业都有可能创造出“神话”。而2016年的双十一，优衣库以不到三分钟的时间，成为天猫平台第一个破亿的品牌，打破了历年来的双十一记录。为什么优衣库可以成为这个第一呢?

给消费者提供低价以及购物愉悦感是其最大的“卖点”，在给消费者提供低价格与购物狂欢的同时，还注重消费者的购物体验。

在顾客消费升级的时候，消费者的观念就开始改变了，从价格的敏感度，转移到了产品的消费附加值。怎么说呢？就是消费者的经济水平一直在提高，而优衣库很敏感地嗅到了这个信息，于是在2016年的双十一成功地为消费者带来了不一样的体验，也使优衣库成为天猫购物平台销量第一。

为什么优衣库这个偏大众一点的时尚品牌，可以在这么短的时间里创造出销售奇迹呢？首先就是关于双十一的快递问题，肯定会有大量的订单不能及时地发出去，所以优衣库采取了线上线下的联动，在官方旗舰店下单后可以直接到店面提取。

优衣库在全国100多个旗舰店采用了24小时门店自提的活动，这对于消费者来说，简直就是催化剂。与此同时，为了给这个活动再添把火，优衣库还提供线上与线下相同的双十一优惠价格。

这样做虽然方便了消费者，给消费者一个全新的消费观念，但是对于优衣库却是一个很大的挑战。虽然短时间之内，涌入大量的订单处理和配货，但最后的结果处理得非常完美，给自己和顾客一个完美的呈现，这也说明优衣库有一套比较完善的库存管理系统，技术人员和门店人员的运作协调能力比较强，因为有这样的底气，那么优衣库的成功也是必然的了。

优衣库这种不成功便成仁的做法，还是存在很大风险的。但这是消费者希望的，在双十一之前，优衣库就已经做了市场调查，其中有99%的消费者希望旗舰店和实体店同步优惠。而对于产品的收货速度，85%的消费者则希望可以在附近的门店直接提货，优衣库首先就是赢在了对消费者定位准确，这样就可以获得精准的顾客消费，也就是说，优衣库的成功率在85%~90%，所以优衣库决定采用与以往不一样的销售模式。

双十一的优衣库看似是一场购物狂欢，其实并没有降低对自己的标准，优衣库的品牌理念就是“舒适人生”。直白地说，就是优衣库不但在衣服上细致到了每一个细节，更想给消费者传递一个关乎自己生活方式的附加值，而在其他品牌以低价销售的时候，优衣库并没有降低自己的产品要求。

其实这些都是优衣库快销的一部分而已，一个产品可以真正长久的销售，绝对不是靠一时之计，都是前期的努力汇集到一起才会成功的。而很多时候消费者愿意找你消费，一方面是产品的质量过关，更多的是企业对于消费者的态度。

前期优衣库的主要核心就是“注重消费者的体验感受”。在每一个优衣库的门店里面，消费者通过连接店内的无线网或者扫门店里面的数字海报，便可以获得店内某款商品的介绍，还有一些穿搭指南和商品的数据显示。这是根据现在的消费人群而制定的，这样就大大地促进了消费者的购买欲望，增加了产品的销售，这也是优衣库在原有体验之上增加的零售体验。

这种数字化的零售体验，便是优衣库坚持为消费者提供自身的附加值的方式之一。而2016年双十一的销售模式，就是这种新零售经济体验的延伸，主要就是缩短一些消费者购物的时间等待，满足消费者所见及得的购物热情。而且优衣库也称这次成功以后，会发展这种模式，消费者可以实现线上线下联合购物。

在互联网时代，通过线上购物直接缩减了运营成本，价格战也冲击了实体店的零售，这就导致了实体店的零售下滑，但是聪明的企业是不会坐以待毙地等待关门的。

而优衣库不但建立起自己的线上品牌，并且不断地优化自己的产品，给消费者最好的体验，光提供单纯的线上购物的附加值，但这也是很容易失败的，这就要进行线上线下的技术整合。所以优衣库在给消费者提供这样体验的同时，也在不断地调整自己，双十一的成功就验证了优衣库的改革成功。

当然优衣库的成功只是销售模式的一种，在这么多的品牌服饰里面，优衣库是如何做到没有库存危险的呢？每一款商品都大卖，且没有库存的积压，这基本上是每一个做零售服装企业的最终梦想，但是优衣库实现了这个终极梦想，与其他零售企业形成了鲜明的对比。

仔细回味优衣库在研发、设计、生产和销售的每一个环节，都有创新性的元素，在给消费者不一样体验的同时，更是给消费者创造惊喜。话说回来，服装产业追求的就是时尚潮流，每一个企业都追求款式和设计，而大部分企业就是分析市场的发展趋势，然后从中找到自己的市场目标，以此来设计自己的风格，这样就建立了差异化的市场竞争优势。

优衣库及时地看到了这个市场趋势，它并没有采用这样大众化的模式，而是选择了符合所有年龄段和没有性别的基本款，因为款式简单，面对的消费者也比较全面，而且还不限定特定人群，这样反而形成了更大的市场。优衣库自己也说过："我们不是奢华的品牌，无论品牌层面还是设计的细节，都是比较容易融入一般的消费生活。"

优衣库并不是只有一直开发基本款这一个优势，优衣库在非标准化的服装行业里面挖掘到了标准化的产品类型，优势就是简单标准，不可复

制，并且店铺的形象和商品的展示等方面也呈现了一体化的管理。大单品是最容易引爆的，优衣库就是抓住了这一点，而且它易于打造爆品。

优衣库根据消费者的体验反映不断地改变，冬季的衣服消费者反映希望不要太厚重，优衣库就开发出了轻薄、柔软又保暖的产品，和日本最大的纺织巨头合作，克服工艺障碍，把这种高质量的材质运用到大众商品之中，给了顾客一个满意的产品呈现。

根据消费者方向定位，可以说是优衣库成功的最大因素。产品的优势没有改变，却在不断地创新，企业以这样的步伐，走出的每一步都是在向成功靠近；而且企业模式的改变，符合消费者的市场需求，所以优衣库成为零售企业的销售神话也是可以理解的。

|案例8|大众点评，从团购到闪惠

网络时代发展迅速，有些软件的开发与建立，为人们的生活提供了无限的方便，而且这些软件的建立让消费者们的生活节约了很多，不管是金钱还是时间。

众所周知的大众点评，是网络时代发展最全面的消费优惠平台，这个平台为消费者提供了团购、餐厅预定、外卖以及电子会员的交易，目前已经成长为一家移动的互联网公司，现在的大众点评客户端已经成为年轻人本地生活的必备工具。

现在的年轻人由于生活压力比较大，多少都会有一点焦虑感，对于生活缺乏激情，就拿吃饭来说吧，哪里服务好、口味佳，人们对于这些实用性的信息需求都是通过网上浏览页面来满足的。

而更多的需求者是通过查询大众点评网等第三方点评网站，来获取自己需要的信息。

大众点评从2003年创办以来，五年的时间已经覆盖了全国大大小小近400个城市，从餐饮业的发展，慢慢地扩大到了休闲、住宿等各种门类的生活信息。后期的大众点评还获得了美国最大的风险投资机构的投资，并且成为全国最大的生活消费指南网站。

现在的大众点评，开始侧重发展影视、书籍类的信息点评，这昭示了注意力经济市场的崛起。

大众点评作为第三方点评网站，主要传播的就是消费者对于商家的产品服务体验的评论，最主要的主流点评就是餐饮行业。

相比之下，传统的网站提供的生活信息，大多是由编辑精心编排的，针对性比较强，而且有建议性的信息。

大众点评就没有这样的策划，全面性的信息虽然没有传统化的网站好，但是为什么大众点评在内容上存在劣势，还能成为万千消费群众的“宠爱工具”？

大众点评的成功之处就在于为分散的平价信息提供了聚合的平台，方便了消费者可以顺利地获得所需要的信息。

首先就是大众点评的整合渠道理念。在互联网经济时代，某种程度上注意力稀缺，信息是无限，但是消费者的注意力有限，企业锁定住消费者的注意力就能创造出巨大的商业价值。

一些电视媒体通过内容的创新和一些形式的改变来吸引消费者，这就是当下注意力经济的操作手法。而这个时代的消费者就会主动地找自主选择权，根据自己的需求去选择相应的信息，这对于企业来说减少了决策的成本。

注意力实际上就是影响力。把消费者的注意力吸引来，渠道在注意力稀少的互联网经济中显得尤为重要，大众点评对渠道的战略创新在于有效地吸引消费者的注意力，从而为消费者提供自主选择餐饮信息的渠道，是大众点评在新经济时代的重要营销理念。

其中心观点在于只要存储和流通的渠道足够大，需求不旺或销量不佳的产品共同占据的市场份额，就可以和那些数量不多的热卖品所占据的市场份额相匹敌，甚至更大。

当前时代，我们的文化和经济重心正在加速转移，从需求曲线头部的少数大热门（主流产品和市场）转向需求曲线尾部的大量利基产品。在一个没有货架空间限制和其他供应瓶颈的时代，面向特定小群体的产品和服务可以和主流热点具有同样的经济吸引力。

对于抓住这个市场的需求，大众点评提出了自己的规则。在这个平台上首先就是产品的全面发展，保证自己在这个平台上什么东西都可以获得，这样就满足了消费者的基本需求。其次就是将价格减半，这无疑是最吸引消费者的，同样的东西价格却低了一半，消费者肯定会选择价格低的东西。而现在大众点评发展得这么迅速，平台选购的价格就会越来越低，无形之中就使消费者离不开这个平台了。

产品价格优势全部都可以展现在这个平台上，当然最重要的一点是：消费者在这个平台上需要什么，都可以快速地找到，这是大众点评的最初目标，所以系统也在不断地完善这一方面，这样就会吸引到更多的消费者来消费。

大众点评就是让消费者体验到更全面的信息覆盖，大众点评的平台信息是具有消费者评价的信息，符合这个时代的经济新颖技术。

每一个评论者都是通过民主投票选出的，而评论者也希望自己的评论内容被广泛传播，这样对于刚刚开始使用大众点评的消费者也是一种指导。

要知道，大众点评平台上提供的所有信息服务都是免费的，而且还提供餐饮优惠券的附加内容。而对产品评鉴的这一系列关键字，更能满足消费者的需求。这样的操作方法也是有利于市场的手法，实现了商业意义上的成功。

大众点评就是采取搜索关键字的模式，使消费者掌握信息发布的权利，这些采编的信息是按照发布者自身的喜好决定的，这种逆向的传播模式代表了新时代的精神，这样所有人都可能是传播者。

大众点评的成功，主要还是在于渠道的拓展优势，制造精准的广告和实行会员制。顾名思义，大众点评就是做“点评模式”，所有的信息采集和更新都是由现实的消费体验上传提供的，而网络只需要做一些信息的筛选和整理就好了。这需要长时间的用户访问流量的积累，这也是在积累人气使其凝聚。

对于任何一个商业网站来说，赚钱都是首要目的。大众点评的立身之本就在于独立性和公正性，为了加强大家对大众点评网站搜索信息的信任，大众点评并没有引入传统的网络广告。大众点评的广告是比较精准的广告，主要是为了方便商户进行关键字搜索、电子券领取等多种营销推广。

大众点评的关键字和百度、谷歌很相似。输入关键字，就会出现相关的商家信息，还有附近的热词搜索。大众点评还将排名推出竞价，并且很明确地告诉消费者这就是广告。这种广告并没有给消费者带来反感，反而成为消费者需求的针对性的信息，并且拓宽了网站的营收渠道。

大众点评给消费者的第二个盈利模式就是会员制。首先就是与商户签订合作协议，任何消费者都可以注册成为大众点评的会员，免费申请积分卡。会员凭借积分卡到餐馆消费可以享受优惠，或者可以折现现金或礼物或折扣。大众点评凭借自身的优势，向餐馆收取佣金，最后都会以积分形式返还给会员一部分，剩下的就是大众点评网站的收入了。

大众点评整合了电子商务模式，提供了网上订餐的服务，这也是网站的营收来源之一。大众点评可以凭借给会员提供订餐服务，向餐馆、饭店收取相关的费用。

随着大众点评的发展，企业还在不断地推出新的优惠活动。除了开始提供的团购，现在也在不断推出一些新的优惠活动，到最近新上的闪惠，即消费者先去店面消费，然后再使用这个软件进行折扣和优惠结算，这样就将消费者捆绑在大众点评的结算系统，这样对于消费者对于大众点评都有很大的优惠和折扣力度。

大众点评正式推出了闪惠产品，某种意义上是对团购的战略升级。对消费者来说，闪惠主打的是到店支付，适应消费者消费习惯的迁移，而对商家而言，闪惠则符合绝大部分商家原本在线下做优惠促销的方式，和商家结款流程相似，回归到线下商户最常用的优惠形式，这个团购也是很强大的互补产品。

消费者们比较推崇大众点评推出的这个软件，主要就是因为这款软件敢于改革和创新。因为这个软件就是直接把虚拟的网络转化到现实中，而且可以直接减少价钱，而团购就是限定产品的优惠，闪惠是没有界限的。

大众点评就是根据消费者的需求一直在创新，现在的产品基本上满足了消费者的需求，这也是为什么手机软件中大众点评的使用率是最高的。简单地说，没有人不喜欢占便宜，而大众点评就是抓住了这一点才步步高升，成就了今天的成果。

|案例 9|西贝莜面，一碗舌尖上的面条

2014年央视的一档节目《舌尖上的中国》受到了全国无数吃货的热烈欢迎，也使得很多的小吃品牌一时间炙手可热，可以说这档节目制造出了很多的爆品，而西贝莜面无疑能称得上是2014年最火的一碗面。

一碗野菜拉面，一份蒸好的窝窝头，再加上一碗特制的草原羊肉汤，是不是瞬间就让你咽了口水，想马上品尝一口？西贝莜面就是凭借西北民族的民间饭菜，纯西北地域文化风情的特色，变成了餐饮系列的一匹黑马。简单地说，虽然不公开招商加盟，但还是开了53家门店，轻轻松松就收获了20亿的营业额，成功的原因也不言而喻。

首先，西贝莜面对于消费者的分析定位比较准确。西贝莜面将目标客户定位为白领工薪阶层或者中等收入人群，这在市场上比较容易吸引消费者。因为这种人群比较倾心于具有特色的地方小吃，这种定位容易和企业直营的方式完美结合，同时还树立了“正宗西北菜，西北菜第一”的品牌。

其次，西贝莜面菜崇尚营养、健康，制作工艺简单、淳朴，强调地方

特色，还大力宣扬了五谷杂粮、山菌野味等菜品，这些菜品的性价比也是比较高的，营养价值也比普通的面食高。

西贝莜面还专门聘请了外部的专业公司，用来提升品牌形象和加强经营管理，还通过大型的美食节目《舌尖上的中国》的热播效应，签约了为消费者熟知的黄国胜夫妇担任其代言人，同时延伸到了这个美食的发源地——陕西，并且建立了西北五谷杂粮的基地，这也在一定程度上使得更多的消费者了解了这个企业。

在客户关系方面，西贝莜面强调对客户的关怀，突出西北特有的健康饮食的乡土特色。试想一下，在寒冷的北方早晨，吃上一碗具有家乡特色的面食，是不是整个身体都暖和了。而在享受健康美食的时候，让顾客有一种归家的感觉，西贝莜面给消费者的就是一种质朴的感觉。

其实西贝莜面最重要的一点就是食材具有独特的地方性，在中国西北地区掌握着独特的手工美食以及制造团队，不仅手工标准化，而且厨师也是分类的：有的厨师负责菜品的研发，有的负责做面，有的负责甜点的制作，有的负责菜品的制作。西欠莜面还经常邀请一些国际化的大师来进行交流，一起研发美食，共同打造优质的食品文化。

企业的运营管理对于企业后期的发展是很重要的，餐饮行业要想盈利最关键的就是看菜单、结构、价格以及口味能不能被更多的消费者接受。站在西贝莜面的角度，已经尽力缩短菜单的长度了，给消费者提供了一份少而精的菜单。其次就是有意识地精简实际的做法和工艺，西贝莜面就是尽量在食材和加工上费心思，保证了最正宗的西北食材的核心竞争力。

对于单个的企业而言，口味好固然是好事，但是对于连锁企业而言，做大做强会有约束。再者，连锁企业的规模扩张也是越来越复杂了，管理落后，就会跟不上企业快速发展的速度，成为制约餐饮企业最大的现实障碍。但是西贝莜面就打破了这一现实的难题，通过研发部创新化的标准，使得直营连锁化的模式得以延续，改变了硬件化的标准，保证了餐馆的口味能够保持一致，这种新思路使得新的商业形式改变了原来固有的面貌。

西贝莜面成为西北菜第一品牌，代表了正宗的西北风味菜品和地道的西北餐饮文化。以绿色、民间、原生态以及北方特有的热情好客，形成了质朴大方的品牌个性。西贝莜面的菜品不仅好吃、好看，还解决了上菜慢、价格高等问题，每次上新的菜品，都会先让消费者试吃，通过试吃的满意程度，来决定这个菜品能否上菜单，这也是西贝的菜单少而精的原因，每一道菜品几乎都是西贝莜面的经典。

但在构建菜品的研发平台上，是通过各种方式来征集全国的好菜，同时通过搭建传统的手工美食将民间的美食发扬光大，这一系列都是菜式产品供应极为慎重的态度，是西贝莜面在餐饮市场中获得良好口碑的前提和基础。中国人在吃上面是绝对不会凑合的，对于好吃的食物是会坚持发扬光大的。

西贝莜面一直在发展、创新，致力于给消费者呈现更加完美的食物。通过不断的品牌管理加上有效的员工营销策略，西贝的品牌价值以及品牌效应给西贝莜面带来更大规模的效益。

说完西贝莜面自身的优势，接下来就是西贝莜面的营销模式以及营销渠道，这在一定程度上促进了西贝莜面的发展。企业光有自己的产品价值，而不被人们知道，还是没有用的。

2014年央视大型美食节目《舌尖上的中国》上映之后，得到了很多吃货的追捧，也让餐饮行业迅速走红，节目里面介绍的每一个店铺都供不应求，这对于企业也是一种营销的方式，让更多的人们了解了那些美食，让消费者有了更明确的消费途径，这就是产品的外部营销。

中国菜系中，西北市场是比较空白的，西贝莜面抓住了西北菜风格朴素、烹饪手法简单、市场竞争力比较小的特点。西北菜系主要是以牛肉和羊肉为主要食材，以面食为特点。西贝莜面就是专注于西北菜的开发和推广，然后不断地进行消费升级。餐饮市场进一步细化后，人们不再满足于传统菜系，开始追求健康的、具有地方文化特色、可以满足市场和消费者需求的菜系，而西贝莜面就成就了西北菜系。

现在的餐饮行业有一种比较流行的趋势，采用中央厨房加工食物的做法越来越多，这种做法受到了消费者的欢迎，可以直接地看到食品的制作，从而对食品的卫生方面更放心。而中国的餐饮魅力就在于现做现吃，这样才能保证让消费者吃到更好的味道。

重视菜品好吃的前端设计，核心的好吃工艺前置是没有问题的，但是每一个城市要根据情况而定。所有的一切都是为了给消费者提供更健康好吃的菜品，反正就是怎么好吃怎么来，而不是怎么方便怎么来。

西贝莜面的菜品制造比较精细化，同时采用了所谓的“工匠精神”。对待标准比较严谨，有着一丝不苟的执行力。很多人会认为，是不是只要好吃就不管服务了？消费者的这种担心是很有必要的。西贝莜面调查了大部分的忠实顾客，98%的新顾客对西贝莜面的服务是满意的。西贝莜面自己也表示：“我们做餐饮，不能因为菜品好吃而忽略了服务的质量。”经过这么多年的服务，也形成了不错的服务口碑，这一点不会遗失，反而会越来越成熟。

西贝莜面成为饮食行业的爆品，其中的艰辛也只有自己知道。在成功的背后是每一个人的努力。

产品的不断改进让西贝莜面实现了一个在餐饮行业不可能实现的未来，得到了消费者的喜爱，遍布全球，这也使得西贝莜面对于加盟者的要求更严谨。

不是每一个加盟商都会通过西贝莜面的要求，要求严谨是为了让消费者可以尝到更美味的西贝莜面。

|案例10|被疯抢的日本马桶盖

继电饭锅之后，日本的电动马桶又火到了中国，很多的中国消费者特地跑到日本去抢购。这种带有臀部按摩、性价比高的马桶盖受到中国消费者的热烈欢迎，是“必买”的产品之一，很多商店出现断货情况。

据很多记者报道：“很多中国旅游观光团到日本的电器店里面，基本上不问牌子、不问价格就会把相当于2000元人民币的马桶盖一扫而空。”财经作家吴晓波在《去日本买只马桶》的文章中描述得淋漓尽致——有日本免税店的营业员带着难以掩饰的喜悦神情用拗口的中文说：“只要有中国游客团来，每天店里的产品都会卖断货。”

暂时不评价这种崇洋媚外的行为是好是坏，单单就说为什么日本的马桶盖总会成为断货之王，这不光是因为日本企业对于产品的营销成功，产品的性价比肯定也高，产品的整体性优势是比较大的，不光光是质量。那日本的马桶盖相比国内的，究竟有哪些优势呢?

其实日本的松下智能马桶早在2003年就进入了中国，并且也在国内市场进行了销售。但是在最初的十年里并没有大红大紫，却在2014年以后，迅速地成为垄断市场的产品。

松下的智能马桶首先进入中国时，定位的人群就是一些高收入的海归人士和一些白领。这种人的价值观比较高，对事物的接受能力比较强，而且拥有宽阔的视野。而对于传统的大多数消费者，使用纸擦的传统观念已经根深蒂固了，想要在短时间之内改变，是根本不可能的事情。

日本的马桶盖，作为一款全新的产品，首先要改变消费者固有的理念，让其可以接受新事物，而松下就是通过免费体验的方式，给普通的消费者推广便后水洗的观念，希望颠覆传统的便后纸擦的上厕所的方式，带来水洗的厕所新革命。这种新型的方式，能够有效地避免细菌感染、疾病传染，还能有效地解决便秘和痤疮，这与现在人们追求的时尚健康的生活理念相符合。

日本的马桶盖被称为“洁身器”，这种技术最早起源于美国，后来在日本通过创新和改变，将洁身器分为一体式和分体式两种。一体式的洁身器是指马桶和冲洗的设备是一体化的，而分体式是在原来的马桶上增加了一个自动冲洗的马桶盖。后者比较有利于对家中原有的马桶进行改进升级，而中国的消费者去日本抢购的就是这种分体式的洁身器。

这种被称为洁身器的马桶盖，不仅具有一般马桶没有的冲洗、烘干、杀菌消毒和除臭功能，而且还分男女两种，可以调节水温和水量，包括自己动手调节模式。而最近被疯抢的马桶盖还具有按摩和智能控制的功能，甚至还可以通过手机对洁身器进行控制。

国内的马桶设计有很多细节没有注意到，而日本的马桶盖就是集中改进马桶的细节问题，比如冬天来临后，中国的马桶圈这时候就要加马桶垫，而日本的马桶就是自带加热这一项，自带加热的贮水原理就和国内的地暖相似，唯一的缺点就是比较费电。

瞬间式的加热马桶盖就是快速地加热，这个显然是不需要保温的，速度也比较快，是高档马桶常备的技术，在这个时候就可以看出差别来了。喷头的材质，这是马桶首先要考虑的问题。高端的马桶一般使用的都是不锈钢的，即使不是金属的材质，也加入抗菌和抗污的功能，而更高档一点的马桶配备喷头可以拆卸清洗，马桶盖也是自带清洗功能的。

其实马桶的这些设计并不是促使中国人去疯抢的主要原因，国内的高端马桶也具备了部分日本马桶盖的技术。但是为什么国人不愿意购买国内的？就是因为国内差不多的高端马桶盖价格太贵了，这对于一般的白领是接受不了的。

国内的马桶市场早就有类似产品上市，但其价格是国内消费者接受不了的，还有就是一些消费者追求更高品质的生活，有条件的消费者都会给自己最好的。中国的消费者在可以接受的价格里肯定会选择更好的产品，日本的马桶盖被中国人选择的原因是质量好、价格合理，所以中国人抢购也是可以理解的。

俗话说：没有对比就没有伤害。日本马桶盖相比国内马桶盖的优势，使其成了爆品，市场上的马桶盖瞬间就被中国消费者抢购一空了。还有在一些节目上，很多中国明星也在推荐日本的这个马桶盖，也让其迅速地在中国市场中凸显出了优势。

其实国内的消费者这么热切地追求日本的商品还是心理因素在作用。调查发现，从20世纪起就出现了日本品牌在中国的热销，不只是马桶盖这么一个商品。早期日本的汽车、电饭煲之类的商品，已经在国内掀起过购买热潮，所以在消费者的心里已经有了日本的商品就是比中国好的想法，不管是质量还是性价比，都超越了国产品牌。

虽然日本的马桶盖早就进入中国市场，但是中国的消费者对于国内的产品还是持不信任的态度。在中国，消费者和企业之间缺乏最基本的信任，这也是为什么很多中国消费者会选择去日本抢购。

这种爆品的成就，其实主要还是传统企业不具有创新精神导致的。日本的很多品牌在具有优势的情况下还在不断地创新，而中国企业就是缺乏创新，总给消费者一种“我的产品制造出来就肯定有销售团队给我销售出去”。显然国产企业对于市场环境没有跟得上时代的步伐，国内和国外最大的不同就是技术和思维的差距。中国的制造业还在创新的路上，一只脚迈进去了，另一只脚还在外面。

随着人们消费水平的上升和生活水平的提高，很多中国消费者开始接触到了国外的产品，而最大的感触就是：外国人制造的产品跟艺术品一样。中国是从数量制造走向了质量制造，而外国是从质量制造走向了艺术制造，这就是外国产品在中国一直是爆品，而中国同类产品一直就处于滞销状态的原因之一，其实很大程度上是产品自身的问题。

综上所述，日本的马桶盖能被中国消费者迅速抢占，跟产品具有的高性价比、市场销售模式的独特性有关。日本的马桶盖就是让消费者体验到了产品的创新和健康的生活方式，从而带给中国消费者一个全新的马桶盖理念。

在这里要提的是，媒体对于这件事情的“谴责”如果还不能阻止中

国消费者在日本疯狂购买马桶盖，那么我们中国企业真的是需要静下心来反思一下：为什么在中国企业眼里完美的中国制造，反而不被中国消费者接受呢？

|案例11|鲜誉极参，从0到1的逆袭

简单的背后是不简单。

现在很多企业在打造产品的时候，追求的是简单到极致，给消费者的体验就是简单大方。现在消费者的思维模式已经升级了，简单大方的产品更能够吸引消费者，随着时代的发展，消费者更倾向于极简主义。

说到海参，大家都觉得是比较上档次的产品。人们惯有的思维模式就是这么高档的产品，肯定要配更高档的包装盒，所以导致包装设计风格的浪费和烦琐，在消费者心里就是偏离了海参的主要属性。现在的海参，每一个品牌都在拼豪华包装，而忽略了这个产品的主要特性，所以极简的海参包装在海参行业中绝对是一股清流。

其实不管什么产品，给消费者呈现的第一眼就是包装形象，鲜誉海鲜的设计遵循着极简的设计理念，首先就是回归产品的本质，以环保为主，整体诠释了这个品牌的态度和风格。海鲜的设计LOGO就是很简单的中文字体，使得它整体上看去简单大方，加上英文字体的环绕，显得简单而时尚。可别小看了这四个中文字体，其实是将鲜誉海参四大卖点的图形简化

而来的，这表现出了鲜誉极参的特色工艺。

在海参的包装设计上，鲜誉包装整体也是非常简单，放弃了大红大紫以及土豪金的颜色，使用了简单的牛皮纸和各类环保类型的材料包装，使得外部的包装简约大方，内部的包装也比较的贴心。

产品使用的包装材料可以再回收利用，这符合现在的环保观念，不仅体现出产品的创新之处，还给消费者提供一个快捷消费的特性。鲜誉就是要改变消费者对于海鲜产品的认识，让产品具有自带宣传的功效，让海鲜产品自带艺术感，把产品简单环保的包装淋漓尽致地呈现给消费者，让消费者感受到鲜誉的简约、低调、奢华，同时包装又具有实用性和独特性。

产品的品牌形象设计，主要是以符号化的设计原则来展现产品的每一个细节，构成一个具有独特性的品牌形象。鲜誉的领导人说过："在未来的产品设计中，我们会一直遵循着，从大众化的元素之中，创造出具有特色的简单的视觉符号，从而形成一个清晰、准确的品牌。在设计表现中，把鲜誉极参的品牌形象和包装设计锻造得整体简约、品位高雅，在属性上舒适实用，主要是以极致、极简的品牌理念让消费者脱离浮华，回归鲜誉极参便捷滋养、极致吸收的独有属性。"

很多注重养生的消费者应该都知道，鲜誉海参推出不到40天，销量就突破了8000盒。其实在互联网时代，产品只要能满足消费者的需求，成为爆品其实是很容易的，而传统模式就不一样了。鲜誉的成功背后也是经过很多努力和创新的，一起来看一下爆品鲜誉吸引消费者的优势吧。

首先就是产品具有超高的性价比。对于消费者来说，价格永远是第一考虑因素，但是如果产品是具有高质量的，消费者就不会太在乎价格问题，因为物有所值，而且这四个字永远是激发消费者购买欲望的导火线。鲜誉在产品测试的时候推出的市场价格，在海参市场是绝无仅有的优惠，这也让很多的消费者为之疯狂。

很多的消费者留言："我吃了十几年海参，从来没有鲜誉这么疯狂的价格，海参礼盒的优惠价，在以前肯定是不可能发生的，所以今天我又抢了50盒。"而促使消费者这样疯狂选购的原因，还是鲜誉的产品质量好、价格优惠，值得消费者疯抢。

当然不是所有的便宜都是值得消费者疯抢的。互联网时代，每一个产品的营销都会让消费者为之疯狂，但是并不代表它能长期发展。而鲜誉原来就是一个做水产品多年的企业，决定进入海参市场也是具有一定的品牌优势的，而且创始人也提出来："对于海参的市场开发，质量和信誉是不能有一点含糊的。"

其实市场上面的海参产品，销售量一直在下降，但为什么鲜誉的海参却一举成为了爆品？其实，鲜誉海参是没有历史的，是一个刚刚进入海参市场的新品，但也正因为没有庞大的附带产品的负担，使得鲜誉海参以无盐超低压干制技术为依托，在大单品时代成功地堵住了海参市场的缺口。

其实在这个时代，大单品的战略很容易成就爆品，通过单品的活跃性，使其在市场上占有很大的优势。对于海参中小企业来说，需要推广的产品有很多，但是集中资源打造这个大单品，然后通过小型市场的带动销售，这才是鲜誉成功的秘诀。

鲜誉极参为什么会突破营销？首先在产品的研发和市场测试阶段，它就已经获得了大量的忠实消费者，而一般的海参企业就会附带很多的产品，这样对于海参产品是不利的。而鲜誉就是一个大单品的成功，只有拥有大单品的销量，才会有市场的占有量。这也反映了很多企业在做海参成功以后，会发展另外一些产品，这样就分散了海参的浏览量，从而减少了海参产品的销量。鲜誉这样的构建具有相对的稳定性，使得企业的推广更加聚焦和简约。

很多企业觉得大单品爆品不好打造，其实是自己的产品定位和营销有问题。鲜誉海参以独特定位加上大平台快销解决了这个问题。其实制造爆品，首先是对产品的定义，鲜誉把产品的质量发挥到了极致以及用最真实的性价比，重新定义了海鲜产品，也给了消费者一个崭新的海鲜市场，打造出了一个不断回单的产品。

其次是产品的销售平台，这对于产品的成功很重要。好的产品需要一个好的平台，鲜誉的前身是品牌的水产品，对于产品原材料的选择具有很大的优势，自给自足的资源，借助品牌的力量，更具有可信度。企业精准的市场定位，给鲜誉带来了很大的优势，也由内而外地推动了整个海参产业的成长。

鲜誉的销售也是值得学习的。鲜誉海参和其他任何一个海参产业都是不一样的，鲜誉主要的营销就是产品战略和标准执行，产品的运营设定也相当准确，加上有着清晰的目标和途径，而剩下的执行力就是为了区别于传统的海参企业，产品营销的策略衔接得也比较密切。这样就提高了企业销售模式的效率，充分地释放了产品的渠道资源，也激发了鲜誉的潜在资源，构建了一个有高度的销售模式。

鲜誉海参就是这样跨过了传统海鲜的最大障碍，成功地打造出了极致的品质、极致的价格、极致的营销和极致的运营，打破了海参市场的新规则，成为海参市场上的一个爆品，在给消费者制造惊喜的同时，也把自己的品牌推向了更大的市场。

|案例12|YOHO，无山寨的潮人社区

很多人看到YOHO，可能会有一种YAHOO（雅虎）的即视感，但还真不是。YOHO的中文名字可以称为：有货，是一个专门为潮流人士设计的移动性的购物软件。

相比现在较流行的旅游、母婴、生鲜等电商的不断推出，潮流电商的发展，可谓是一塌糊涂。像聚美优品和唯品会这些电商的发展一直受到平台的限制，导致一些潮流的产品不能全部被消费者看到。而YOHO是一个倡导积极健康、能给消费者提供一个全方位潮流生活方式的平台。

YOHO是年轻人的购物中心，是一款专门根据年轻人的需求，凭借专业的团队选择购买以及根据年轻人的潮流趋势，积极开拓符合国人审美的品牌手机软件。

YOHO是一个以媒体的宣传、产品的零售加上定期的互动为载体的线上线下相辅相成的潮流化销售平台，每天都会为消费者提供潮流信息、商品的销售，以及产品的各项服务。YOHO致力成为中国潮流文化的第一者，而产品的宣传的口号就是“Being Young”。为年轻的消费者提供了一

个积极乐享的观念。

首先YOHO的产品定位比较准确，定位对象为时尚的男性年轻人。这个时代的年轻人占到了世界人口的三分之一，但是相对的潮流文化产品却没有跟上。其实，潮流文化的存在并不是一些明星带来的某些爆品，而是趋向于一些原创的品牌，这些产品虽然有部分人不了解，但是在潮流时尚界，对于年轻人而言最重要的就是资讯，而值得注意的是，YOHO是一个以年轻男性为主的时尚潮流。

其实，在市场上女性消费者居多，真正的男性潮流市场太空白了，所以在建立之初就吸引到了一大批的忠实男粉丝，这种特别的市场定位在淘宝等电商无限发展的现在，无疑给YOHO带来了发展空间，它避开女性的发展群体，独立地成长起来。

其实绝大部分的时尚男性不会购买一些山寨的东西，所以YOHO对于产品而言，一件潮流商品的定价，并不是材料或者做工有多好，更多的是它能给消费者提供什么样的体验和感受，所以一个产品的附加价值并不是依附在商品的身上，而是在购物环节中存在的。

所以，对于一些追求潮流的年轻人而言，山寨产品的存在就是毁了这个产品原有的意义。关注潮流的年轻人不会选择山寨品，而YOHO又想做到独一无二的潮流，首先需要拒绝的就是山寨潮流的存在。

现在的京东和天猫等电商，自身已经具有相当高的知名度了，但还是每年都要举办秋冬发布会，为什么？那就是必须要让自己的产品潮流起来。而最快获得消费者认可的办法就是让明星来带动产品的时尚感，所以京东请了马天宇，天猫请了尚雯婕和谢娜。但是看一下YOHO这边，真的

不用请明星，就是明星自己来参加的嘉年华聚会。

现在来看一下到底有哪些明星在YOHO上。阿信、余文乐、林俊杰、吴建豪、黄伟文、李灿森、王阳明、宁泽涛、郑希怡等，这些大牌明星的到来，简直就是在京东和天猫面前炫耀。实际上出席YOHO活动的这些明星绝大多数自己就是潮牌的主理人，参加活动就是携带自己的最新款出席的，其实这就是网站和明星双赢的一个局面。YOHO的独特潮流范围和与明星良好合作的模式，现在已经形成了声势浩大的模式，很多明星也都乐意为其代言。

毕竟每一个明星都想成为潮流的代言人，而在当下十个原创中就有八个半山寨横行的时代里，原创产品是更具有优势的，尤其是现在轻奢的，以及对性价比的比较，使得消费者更愿意选择个性化的产品。

总体而言就是，原创品牌不管是从产品的传播还是产品的热度而言，都将是潮流电商的必争企业。而YOHO就是看到这个形势，才大幅度地开创对原创品牌的扶持和合作。这种做法不仅对YOHO自己有相当大的好处，也给原创品牌提供了一个良好的平台，正是这种互赢的方法使得YOHO一直在打造爆品。而且原创品牌的存在不用考虑山寨产品的存在对于企业品牌的影响。

当然，潮流化的产品并非就是标准化的商品。消费行为很多时候都是冲动和随机的，往往都是在一念之间产生的。价格战是无法赢得消费者的，对每一个消费者喜欢风格的揣摩以及准确的产品推荐，是最重要的。

YOHO的优势就是给消费者提供一些潮流产品。而不是像有些电商的产品一直标榜着潮流原创，实际上就是一些普通的产品，这就会产生一系列的问题，企业欺骗消费者简直就是自取灭亡的表现。对于YOHO这种定位原创潮牌的电商，制造假货对自己的声誉无疑是一种损害，所以YOHO是一个拒绝山寨货的存在。

而对于目前低端的价格潮流，企业多半会选择在淘宝、蘑菇街等一些网站推广，其中大众化的中端产品分布最广，而在特卖的形势下最为抢手。淘宝爆品的存在，已经开启了大众化消费者中低端的潮流时尚，发展到现在可以说已经进入了规范化的阶段。这集中地体现在潮牌和奢侈品中，奢侈品自然是很多人接受不了的，而潮牌就不一样了，很多小资生活的消费者完全承受得了这种轻奢主义。

现在的中国市场，不管是什么商品都山寨货横行，YOHO就是为了杜绝这种现象的存在，所以一直努力地做自己的风格，不断地推出各类主题产品，给消费者一种不一样的网上购物体验。

现在网购的类型虽然已经很多了，但是如果没有一个好的环境和质量过硬的产品，企业是很难制造爆品的。而YOHO的设定对象就是具有潮流思想的年轻人，这样的思想定位和优质的产品，为YOHO圈粉无数。

今天的YOHO一直在拒绝山寨货的出现，也一直在提高企业的整体水平。这样的企业定义，吸引了无数的消费者，也让越来越多的消费者愿意参与到YOHO的产品消费热潮中。